El legado

La prueba

de

PIERRE C. C. DE MARIVAUX

Edición y traducción de
Lydia Vázquez

PUBLICACIONES DE LA ASOCIACIÓN DE DIRECTORES
DE ESCENA DE ESPAÑA

PUBLICACIONES DE LA ASOCIACIÓN DE
DIRECTORAS Y DIRECTORES DE ESCENA DE ESPAÑA

Dirección editorial: Carlos Rodríguez Alonso y Manuel F. Vieites

Títulos originales: *Le Legs / L'Épreuve*

© Del estudio y las traducciones: Lydia Vázquez Jiménez
© de la presente edición:
ASOCIACIÓN DE DIRECTORES DE ESCENA DE ESPAÑA

Primera edición: Mayo, 2025

Publicaciones de la ADE
Serie: Literatura Dramática, nº 125

Paseo del Rey, 10, bajo A. 28008 Madrid (España)
http:// www.adeteatro.com
correo electrónico: redaccion@adeteatro.com

Diseño de la colección: Tomás Adrián.
ISBN: 978-84-17189-62-4
Depósito legal: M-11177-2025
Imprime: Safekat S. L.
Impreso en España

El legado

La prueba

de

PIERRE C. C. DE MARIVAUX

Edición y traducción de
Lydia Vázquez

El legado y La prueba, dos grandes comedias marivaldianas

Por Lydia Vázquez

El Legado no obtuvo un triunfo inmediato en su tiempo. Tras una representación privada en el castillo de Berny, la obra se estrenó el 11 de junio de 1736 en la Comédie Française. La acogida no fue buena y solo hubo siete funciones. Pese a que fue prácticamente olvidada hasta mediados de siglo, a partir de 1750 conoce cierto éxito, como precisa el Caballero de Mouhy en 1752 en sus *Tabletas dramáticas*: "A pesar del escaso número de representaciones que ha tenido esta obra, se repone a menudo, y se vuelve a ver con placer, como otras varias comedias del mismo autor que han corrido la misma suerte en su novedad".

No obstante, no arrancaría los merecidos aplausos hasta treinta y tres años después de su estreno, en Bruselas. Representada en el Grand Théâtre de la Monnaie el 8 de septiembre de 1769 por la compañía de Comédiens ordinaires de Su Alteza Real el Príncipe Carlos de Lorena, gozó de una excelente recepción; se retomaría en la misma sala de 1771 a 1773, entre 1775 y 1776, y más tarde en 1782. En 1774, los Comédiens français vuelven a presentarla en París, en la Sala de las Máquinas del castillo de las Tullerías, pero la acogida no fue mejor que en 1736. Aparte de estos pases, parece que las representaciones de esta comedia fueron escasas antes de la Revolución francesa.

Esta obra pertenecía, pues, a los Comédiens français que, si bien la relegaron a segundo plano tras la discreta aceptación en su estreno, la retomaron durante el periodo revolucionario, cuando conoció un gran éxito parisino.

La compañía de la Comédie française actuó de 1782 a 1790 en la Sala del Teatro del Odeón, rebautizada Teatro de la Nación en julio de 1789. El 21 de julio de 1790, la compañía de los Comédiens français se divide en "Revolucionarios" y "Moderados". Los "revolucionarios", excluidos de la Comédie française en 1791, dirigidos por Talma, se trasladan a un nuevo teatro, el Théâtre français de la Rue de Richelieu, rebautizado Théâtre de la Liberté et de l'Egalité a partir del 10 de agosto de 1792. Tras permanecer en los locales del Théâtre de la Nation, los "Moderados" fueron detenidos en 1793 y el teatro clausurado. Liberados dos años más tarde, a partir del 27 de enero de 1795 se repartieron entre el Théâtre français de la Rue Feydeau y el Odéon.

Ya desde 1722, la Comédie française tenía por costumbre presentar un programa doble y a la comedia nueva le sucedía otra obra, denominada "pequeña pieza", ya conocida por el público. Al criticar los defectos de la nobleza y de la burguesía, las obras de Marivaux lo tenían todo para gustar a los revolucionarios y ser idóneas como "pequeñas piezas". Sobre todo, porque, una vez fallecido su autor, el director de la compañía podía modificar el texto según exigiera la censura y el gusto del público del momento.

El legado conocerá nada menos que sesenta y tres funciones entre 1789 y 1799. Entre 1789 y 1793, la obra se representó al menos veinte veces en el Théâtre de la Nation. Entre 1791 y 1799, los "Revolucionarios" volvieron a representarla unas veintisiete veces en el Théâtre français de la Rue de Richelieu. Aunque los "Moderados" fueron detenidos en 1793, una vez liberados dos años más tarde, retomaron *El legado*, que representaron por lo menos trece veces en el Théâtre français de la Rue Feydeau entre 1795 y 1798 y tres veces en 1797 en el Théâtre de l'Odéon.

El legado no fue la única obra de Marivaux que los Comédiens français llevaron a escena en numerosas ocasiones durante la Revolución francesa: durante este periodo, recurrieron a menudo al repertorio marivaldiano. Pero es que, además, *El legado* lo representaron en esta época otras compañías aparte de los Comédiens français: se repuso trece veces en el Nouveau Théâtre du Marais entre 1791 y 1799; ocho en el Théâtre Molière entre 1791 y 1799; dos en el Théâtre des amis de la Patrie en 1792; una en el Théâtre Montansier en 1792, y también una en el Palais des variétés en 1798.

Sin embargo, tras este periodo de éxito del teatro marivaldiano en general y del *Legado* en particular, las críticas al estilo alambicado, al contenido superficial, al amaneramiento rococó del dramaturgo, al *'marivodaje'*, en suma, volverán con mayor ahínco. Nos interesa la *Histoire du théâtre français, depuis le commencement de la Révolution jusqu'à la réunion générale* (1802) por cuanto

9

señalan sus autores, Chales Guillaume Étienne y Alphonse Martainville, que *El legado* fue elegida como segunda obra para clausurar la temporada de 1789, el 28 de marzo, y que la inauguración del nuevo teatro "revolucionario", el 27 de abril de 1791, se llevó a cabo con la obra *La prueba*, rebautizada para la ocasión como *La prueba nueva*. No sin concluir que ambas "pequeñas piezas" carecen de acción e interés y pecan de un estilo preciosista y enrevesado.

Sabemos que se celebró, con gran éxito, una función del *Legado* para el emperador Napoleón I y su esposa el 18 de agosto de 1808 en Saint-Cloud. Fue todo un triunfo, con Émilie Levert en el papel de Condesa, recibiendo por ello una gratificación de 3 000 francos que le entregó el Emperador en persona como muestra de su satisfacción.

Si las representaciones del *Legado* fueron contadas, como hemos dicho, antes de la Revolución francesa, sabemos, no obstante, que fue leída, pues benefició seis ediciones fasciculares antes de 1789, alguna con varias tiradas: la edición original fue publicada anónimamente en París en 1736 por Prault fils, en formato in-12° y con dos páginas titulares más setenta y seis páginas de texto, gozando de Privilegio del Rey; la sexta edición fue publicada bajo el nombre de Marivaux, en Nápoles, en 1781, por la imprenta de J. Gravier, en formato in-8°, contando con sesenta páginas. Ya en el siglo posterior aparece la séptima edición, publicada a nombre de Marivaux, en París, en 1820, por J. N. Barba, en formato in-8° y con treinta y nueve páginas.

El legado se encuentra también en las *Œuvres de M. de Marivaux*, que contienen veintiséis piezas representadas por actores franceses e italianos, publicadas en 6 volúmenes in-12° en 1742 por Prault père, y en las *Œuvres complètes* de Marivaux publicadas en 12 volúmenes in-8° en 1781 por la Viuda Duchesne (en el volumen II), así como en la edición de las mismas realizada en 1825-1830 por Duviquet, publicadas en 10 volúmenes in-8°, en París, por Haut-Cœur y Gayet Jeune (volumen II).

La obra cuenta con seis personajes, que forman tres parejas destinadas a casarse: Hortensia y el Caballero, la Condesa y el Marqués, Liseta, la camarera de la Condesa, y Espino, el ayuda de cámara del Marqués. La acción se desarrolla en la casa de campo de la Condesa. Consta de un solo acto con veinticinco escenas de duración muy desigual. Los cambios de escena corresponden a las entradas y salidas de los protagonistas de la historia. El tema de la obra es el siguiente: Hortensia y el Caballero están enamorados y desean casarse. El Marqués y la Condesa se quieren, pero no se han declarado su amor. El marqués, que ya goza de una buena posición económica, puede heredar 600.000 francos si acepta casarse con Hortensia. Si no lo hace, tendrá que conformarse con 400.000 francos y darle 200.000 a ella. Esto es lo que espera Hortensia, que quiere conseguir que él declare su amor a la Condesa, poniendo a Liseta y Espino de su parte. Lo conseguirá, no sin dificultad, para satisfacción de todos.

La obra de Marivaux presenta a tres mujeres que, de diversas maneras, tienen preeminencia sobre sus homólogos masculinos. Frente a ellas, los personajes masculinos palidecen. El Caballero no es más que una sombra, siempre preocupado y a punto de rendirse, siempre gobernado y manipulado por Hortensia. Espino, aunque virtuoso y dispuesto a sacrificar sus propios intereses a los de su amo, no está a la altura de Liseta y Hortensia cuando intenta mentir. Una vez decidido su compromiso con Liseta, se ve que será esta la que lleve la voz cantante. El Marqués, simpático de puro torpe a pesar de sus dotes para los negocios, está condenado a cumplir las órdenes de la condesa, a la que adora. En suma, los tres hombres de la obra son débiles dominados por mujeres fuertes.

La visión que Marivaux tiene de sus personajes y de la sociedad de la época es tanto más acertada por su falta de complacencia. Dos de las mujeres de la obra, Hortensia y Liseta, son ante todo personas manipuladoras movidas por la codicia. Al final, la diferencia, si la hay, entre la criada y la mundana, es prácticamente imperceptible y no necesariamente en beneficio de esta última.

Marivaux también sabe cómo interesar al espectador o la espectadora por el destino de un personaje, combinando elementos positivos y negativos con la descripción de su carácter para pintar un retrato matizado y entrañable. Uno de los placeres de la obra es la descripción del personaje del Marqués, dividido entre el atractivo de la ganancia y su amor por la Condesa, pero sobre todo incapaz de ver que ella lo ama, debido a su excesiva timidez, que lo lleva a malinterpretar las señales positivas que ella le envía. Capaz, al final, de pasar por alto sus intereses económicos por amor, esto lo ennoblece y hace que se olviden sus torpezas con las mujeres y en especial con su amante.

La importancia del dinero, al que se enfrentan los sentimientos, teje una intriga en clave de suspense cuando en realidad todo parecía claro de antemano. Así, un Marivaux crítico lúcido de la sociedad de su época sabe dosificar alternativamente la cal y la arena para mantener el interés del público hasta el final. Por ello, en términos de suspense, cuando ya parece que el desenlace está a punto de llegar, pero nos hallamos en la mitad de la obra, la décima escena es crucial. En ella se nos dice que el marqués está dispuesto a perder, debido a su amor por la condesa, los doscientos mil francos que le corresponderían si se casa con Hortensia, pero confiesa que preferiría obtener ambos, si fuera posible, para lo cual está dispuesto a fingir hasta donde haga falta. De esta manera, la intriga vuelve a recobrar un interés que durará hasta el final.

Ciertamente, en esta comedia, las fuertes son las mujeres, pero dos de las tres muestran un interés exagerado por su lucro personal: Hortensia y Liseta. Los débiles son los hombres, es verdad, pero dos de los tres aparecen representados con un perfil simpático, por su carácter simple y bonachón: Espino y el Marqués. Una forma de confundir las pistas entre amos y criados, entre hombres y mujeres, pues, a fin de cuentas, son todos seres humanos, con sus flaquezas, si no siempre enternecedoras, sí, al menos, comprensibles a fuer de cercanas.

Hoy es una de las obras más representadas de la producción marivaldiana.

La prueba se estrena el 19 de noviembre de 1740 en el Hôtel de Bourgogne por los mismos comediantes que habían representado *Los sinceros*, además de la se-

13

ñorita Belmont en el papel de la Señora Arganta. En la segunda representación la pieza queda anotada en los registros del Nouveau Théâtre Italien como "Las pruebas". La acogida, a diferencia del *Legado*, es muy positiva, tanto por parte del público como por la crítica, siendo saludada en el *Mercure* como una comedia "llena de ingenio, de acción sencilla y elegantemente dialogada."

En la temporada 1740-1741, se realizan diecisiete funciones, retomándose a menudo después, con frecuencia en circunstancias memorables, como en 1749, cuando la señorita Chantilly, la futura señora Favart, hace su entrada en los Italiens en el rol de Angélica de *La prueba*; el mismo papel que escogerá Manon Balletti, la hija de Silvia, en 1760, para debutar en el Hôtel de Bourgogne.

La prueba es también una pieza emblemática por cuanto se trata de la penúltima comedia que Marivaux escribió para los Italiens antes de alejarse del teatro.

En 1791, Talma incluye *La prueba* en el programa de apertura del Théâtre de la République que acaba de fundar con los comediantes como él tránsfugas de la Comédie française. Pero la noche del estreno como "pequeña pieza", presentada después de *Enrique VIII*, tragedia republicana de Marie-Joseph Chénier, que no podía ser abucheada por los enemigos de Talma sin ser acusados de antirrepublicanos, *La prueba* será silbada de forma tan violenta por los detractores de la compañía que la función quedaría suspendida.

No obstante, *La prueba* seguirá en cartel y cosechará grandes triunfos en 1793 en el Théâtre de la Nation, siendo tan popular como *Las falsas confidencias*. En el *Journal de Paris* se da fe de los aplausos reiterados por un auditorio ganado a la causa de esta obra: "El público ha dado pruebas de su satisfacción mediante sus sonoros aplausos, que probablemente se renovarán en todas las representaciones."

En 1799 se retoma *La prueba* por la Comédie française reconstruida y establecida en la Rue de Richelieu. Desde entonces ha conocidos triunfos constantes y regulares, de forma que es hoy, después del *Juego del amor y el azar* y *Las falsas confidencias* y antes del *Legado*, la tercera obra más representada de Marivaux.

Como en otras obras de Marivaux, el obstáculo a la pasión amorosa, aquí social, es el motor de la intriga: Las diferencias sociales entre Lucidor y Angélica son considerables. Lucidor es un joven burgués parisino adinerado y Angélica no es más que la hija del portero del castillo. El hecho de que la acción se desarrolle en una finca recién adquirida por Lucidor evoca espontáneamente la oposición París/provincia, muy clara en la época, y pone de relieve las cualidades personales de Angélica: generosidad, ingenuidad, modales dulces y reservados. Probablemente, una joven parisina se comportaría más como Liseta, la coqueta de *La doble inconstancia* o *El Príncipe travestido*. El interés de Lucidor por la joven aldeana se basa, solo en parte, en esta sencillez y en la sinceridad que la acompaña. Lo contrario también es cierto: Angélica, por su parte, se siente fascinada por el refinamiento y la desenvoltura de que hace gala el parisino, modales que contrastan favorablemente con los de los pueblerinos de su entorno que suelen cortejarla, en particular con los de Maese Blas, burdo en sus maneras como en sus hablares.

Sin embargo, Marivaux mitiga estas oposiciones simétricas e invertidas dotando a Angélica de una mente aguda y perspicaz, incluso osada, ya que se atreve a hablar con bastante libertad a Lucidor, su señor, y de una excelente educación, algo bastante sorprendente. Por otra parte, confiere al parisino cierta reserva y un gusto pronunciado por lo natural y lo auténtico. Estos rasgos de carácter hacen que, al final, Lucidor no sea exactamente el típico burgués parisino, y que Angélica se comporte de forma distinta a la típica moza de campo. De hecho, existe un cierto parecido entre los dos personajes principales. En definitiva, todo ello lleva a olvidar las convenciones sociales de la época en favor del reconocimiento de la valía y el mérito personales, como así quiere subrayar Frontín en un momento de la pieza.

Algo que también trasciende en *El Legado*, haciendo de ambas obras dos piezas dignas de ser ensalzadas en la Revolución francesa... y en nuestros días.

El legado

de

PIERRE CARLET DE CHAMBLAIN DE

MARIVAUX

representada por primera vez por los *Comédiens-Français*
el 11 de enero 1736

Traducción de Lydia Vázquez

PERSONAJES

LA CONDESA

EL MARQUÉS

HORTENSIA

EL CABALLERO

LISETA, criada de la Condesa

ESPINO, lacayo del Marqués

La escena transcurre en el campo, en el castillo de la condesa.

ESCENA PRIMERA

EL CABALLERO, HORTENSIA

EL CABALLERO.– Me inquieta lo que planeáis hacerle al marqués.

HORTENSIA.– Ya os he dicho que no corro ningún riesgo. Razonemos. Su difunto pariente, también mío, le deja seiscientos mil francos, ciertamente a cambio de desposarme o, en caso contrario, de entregarme doscientos mil, según decida; pero el marqués no siente nada por mí. Estoy convencida de que le gusta la condesa; además, si a su gran fortuna se le añade esta herencia de seiscientos mil francos que no se esperaba, no sé cómo podéis creer que, en lugar de ceder doscientos mil, preferirá casarse conmigo, que le soy indiferente, cuando está enamorado de la condesa, a quien seguramente no le resulta antipático, y que posee más bienes que yo. Es absurdo.

EL CABALLERO.– ¿Y qué os dice que a la condesa no le resulta antipático?

HORTENSIA.– Mil pequeños detalles que percibo a diario; y no me sorprende. Dado el carácter de ella, el del marqués debe de ser de su agrado. La condesa es una mujer brusca, muy dada a dominar, a gobernar, a imponer su voluntad. El marqués es un hombre tierno, apacible, fácil de manejar, y eso es lo que necesita la condesa. Por eso no escatima elogios con él. Sus aires cándidos le gustan; según ella, no hay mejor hombre en el mundo, ni más complaciente, ¡ni más sociable! Por otra parte, el marqués tiene una edad que conviene a la suya, pues tampoco es ninguna jovencita; andará por los treinta y cinco o cuarenta años, por lo que deduzco acertadamente que estará encantada de compartir su vida con él.

EL CABALLERO.– Mucho me temo que os dejáis engañar por las apariencias. Doscientos mil francos que tendrá que desembolsar si no se casa con vos no son una bagatela; y, además, aunque se amaran el marqués y la condesa, vistos sus caracteres, no creo que sean capaces de confesárselo el uno al otro.

HORTENSIA.– ¡Oh! Gracias al aprieto en que voy a meter al marqués, no le quedará más remedio que hablar, y así yo sabré a qué atenerme. No me ha dirigido la palabra desde que estamos aquí en el campo, en las posesiones de la condesa. Lleva seis semanas callado como un muerto. No pienso perder el legado que me corresponde si el marqués se niega a desposarme.

EL CABALLERO.– Pero, ¿y si acepta vuestra mano?

HORTENSIA.– ¡Os digo que es imposible! Dejadlo en mis manos. Creo que él espera que sea yo quien lo rechace. Hasta puede que finja aceptar nuestro enlace; pero que eso no os espante. Vos no sois tan rico como para aceptarme como esposa con doscientos mil francos de menos así que me sentiré feliz si los aporto a mis esponsales con vos. Estoy convencida de que el marqués y la condesa se atraen. Veamos lo que tienen que contarme Espino y Liseta; he quedado con ellos para hablar del tema. El uno es un gascón frío pero muy espabilado; Liseta es ingeniosa. Sé que ambos gozan de la confianza de sus amos; me las arreglaré para sonsacarles información, y todo irá a las mil maravillas. Por ahí llegan. Retiraos. *(El caballero sale.)*

ESCENA II

LISETA, ESPINO, HORTENSIA

HORTENSIA.– Venid, Liseta, acercaos.

LISETA.– ¿Qué deseáis de nosotros, señora?

HORTENSIA.– Nada que pueda herir la fidelidad que debéis, tú al marqués, y tú a la condesa.

LISETA.– Tanto mejor, señora.

ESPINO.– Dicho así, no hay nada que objetar. A vuestras órdenes, señora.

HORTENSIA.– *(Saca dinero de su bolsillo.)* Toma, Liseta; todo servicio merece recompensa.

LISETA.– *(Rechazando la dádiva en un primer momento.)* Señora, veamos antes de qué se trata.

HORTENSIA.– Cógelo; te lo doy, pase lo que pase. Ten, Espino.

ESPINO.– Señora, aunque soy de la misma opinión que Hortensia, lo acepto gustoso: el respeto me impide todo razonamiento.

HORTENSIA.– No quiero que os comprometáis a hacer nada; os explicaré de qué se trata: el marqués, tu señor, ¿te tiene en alta estima, Espino?

ESPINO.– *(Fríamente.)* Alta, no, señora, supina; me conoce bien.

HORTENSIA.– Me he dado cuenta de que te confía sus pensamientos, ¿no es así?

ESPINO.– Así es, señora; tengo copia de cada uno de sus pensamientos, le llevo la cuenta mejor que él mismo.

HORTENSIA.– Y tú, Liseta, ¿gozas de la misma confianza con la condesa?

LISETA.– Me cabe ese honor, señora.

HORTENSIA.– Dime, Espino; me imagino que el marqués está enamorado de la condesa, ¿me equivoco? No hay inconveniente en que me digas la verdad.

ESPINO.– No puedo aseguráoslo; no obstante, paciencia, esta noche hemos de hablar a ese respecto.

HORTENSIA.– Pero, ¿sospechas que la ama?

ESPINO.– Sospecharlo, sospecharlo, sí, desde luego, pero dentro de un rato lo sabré a ciencia cierta.

HORTENSIA.– ¿Y tú, Liseta, qué opinas de la condesa?

LISETA.– Que no piensa en absoluto en el marqués, señora.

ESPINO.– No estoy nada de acuerdo.

HORTENSIA.– Yo también creo que se quieren. Y supongamos que estoy en lo cierto; con el carácter que tienen, les costará Dios y ayuda confesarlo. Tú, Espino, ¿querrías animar al marqués a declararse a la condesa? Y tú, Liseta, ¿podrías disponer favorablemente a la condesa para que lo escuchara? Se trataría de una artimaña la mar de inocente.

ESPINO.– Y hasta loable.

LISETA.– *(Devolviendo el dinero.)* Señora, permitidme que os devuelva el dinero.

HORTENSIA.– ¿A qué viene eso? ¡Quédatelo!

LISETA.– Es que me parece que el servicio que me solicitáis es justamente el que no puedo rendiros. Mi ama es viuda; está tranquila; vive feliz; sería una pena hacerla cambiar de situación; le pido al cielo que siga así.

ESPINO.– *(Fríamente.)* Pues yo me guardo mi parte; nada me obliga a devolverla. Deseo seros útil. Mi señor marqués goza del celibato; pero el matrimonio es también bueno, muy bueno; tienes sus pros y sus contras como todos los estados; a mí a veces me pesa el mío; en resumidas cuentas, tanto monta, monta tanto. Sí, señora, os serviré, no veo mal en ello. Siempre ha habido casamientos y siempre los habrá, cuando dos se quieren, es el único recurso honesto.

HORTENSIA.– Me sorprendes, Liseta, sobre todo porque pensaba que podíais estar enamorados también los dos.

LISETA.– Pues en mi caso, estáis equivocada.

ESPINO.– En el mío, me limito a estimarla. Es cierto, la señorita es lozana, pero la verdad es que ni me había fijado hasta hoy.

LISETA.– Espero que sigas así.

HORTENSIA.– Es todo lo que tenía que deciros. Adiós, Liseta; haz lo que te plazca; solo te pido que me guardes el secreto. Acepto tus servicios, Espino.

ESCENA III

ESPINO, LISETA

LISETA.– No tenemos nada que decirnos, Espino. Tengo faena, queda con Dios.

ESPINO.– Despacio, señorita, espera un momento; justamente tengo que comunicarte algo que me ha pasado.

LISETA.– Veamos.

ESPINO.– Palabra de honor que no me había fijado en tus encantos; no había reparado en tu cara.

LISETA.– ¿Y qué? A mí me pasaba lo mismo contigo, y ni ahora reparo en ti.

ESPINO.– Esa dama se figuraba que nos queríamos.

LISETA.– Pues bien, se figuraba mal.

ESPINO.– Espera que te cuente lo que me ha pasado. Sus palabras han hecho que mis ojos se hayan detenido en ti más que de costumbre.

LISETA.– En balde.

ESPINO.– Y te digo que eres bonita, ¡oh!, muy bonita.

LISETA.– A fe mía, Espino, que eres un hombre galante, ¡oh! muy galante; pero nada me aburre más que las zalamerías, así que abreviemos. ¿Eso será todo?

ESPINO.– Sigue mi ejemplo, mírame bien, te lo ruego; haz la prueba.

LISETA.– ¡Vaya cosa! Ya está hecho, te estoy mirando.

ESPINO.– ¡Y qué! ¿Es el Espino que conocías? ¿No ves nada nuevo? ¿Qué te dice el corazón?

LISETA.– Ni mu.

ESPINO.– Y, sin embargo, hay muchas personas que me tienen por un mozo apuesto; pero ya tendremos ocasión de volver a ello; dejémoslo para más adelante; escucha ahora esto otro: es cierto que mi señor siente ternura por tu ama. Hoy mismo me ha confiado que pensaba comunicarte sus sentimientos.

LISETA.– Como guste. La respuesta que me honraré en dirigirle será breve.

ESPINO.– Tengamos presente que la condesa se siente a gusto con mi amo, que se le levanta el ánimo cuando lo ve. Me dirás que son personas extrañas, y te doy la razón. El marqués, hombre sencillo, nada lanzado a la hora de hablar, no se atreverá nunca a hacer una declaración; y la condesa parece ahuyentar cualquier declaración pues es mujer que desprecia los cumplidos, que se dirige a la gente en un tono agridulce, y de trato más bien seco, frío y razonable en exceso. ¡Cómo hacer que medie el amor con semejante mujer! Ninguna ocasión será propicia para decirle "os quiero", a menos que se le diga como quien no quiere la cosa. Como llovido del cielo. Cuentan que para ella el amor es una chiquillería. Ante tal coyuntura, soy de la opinión que lo mejor es que animemos a ambos personajes. Y, ¿qué sucederá? Pues que se amarán, sin más, así de sencillo, y que se casarán igual de fácil. Y, ¿qué otra cosa sucederá? Pues que, al verme como amigo, me convertirás en marido gracias a la dulce costumbre de frecuentarme. Bueno, ¡qué! Di algo, ¿estás de acuerdo?

LISETA.– No.

ESPINO.– Señorita, ¿acaso mi amor te desagrada?

LISETA.– Sí.

ESPINO.– En pocas palabras dices mucho, pero piénsalo bien. Te predigo que nuestros amos se casarán, y que el acomodo te tienta ya.

LISETA.– Pues yo te predigo que no se casarán. No quiero yo. Mi señora, como bien has expuesto, tiene el amor en muy poca estima; y procuraré que así siga, porque a mí no me interesa que se case. Yo perdería con el cambio, ¿me entiendes? No veo qué ganaría con ello la condesa y yo, desde luego, perdería muchísimo. He hecho un pequeño cálculo a ese respecto, y el resultado es que todos tus apaños me molestan y me perjudican. Así que, por muy bonita que te parezca, sigue como antes, sin ver nada; olvídate del descubrimiento que acabas de hacer de mis encantos, y sigue tu camino sin fijarte.

ESPINO.– *(Fríamente.)* Los he visto, señorita; me han herido y el único remedio que puede sanarme es tu corazón.

LISETA.– Considérate incurable, pues.

ESPINO.– ¿Es tu última palabra?

LISETA.– No cambiaré una sílaba.

(Quiere irse.)

ESPINO.– *(deteniéndola.)* Permíteme que insista. Tú calculas; yo igual. Para ti, nuestros señores no deben casarse; para mí, tienen que desposarse; es lo que pretendo.

LISETA.– ¡Fanfarronada de gascón!

ESPINO.– Paciencia. Te amo, ¿y tú me niegas la recíproca? Pues yo calculo que necesito que me quieras y así será, ¡pardiez! Es lo que pretendo.

LISETA.– Y yo pretendo que así no será, ¡pardiez!

ESPINO.– Ya he dicho todo lo que tenía que decir. Deja hablar a mi señor, que por ahí se acerca.

ESCENA IV

EL MARQUÉS, ESPINO, LISETA

EL MARQUÉS.– ¡Ah! ¡Aquí estás, Liseta! Me alegro de haberte encontrado.

LISETA.– Para serviros, señor, pero ya me iba.

EL MARQUÉS.– ¿Te ibas? Pues tenía algo que decirte. ¿Puedo confiar en ti?

ESPINO.– Apenas.

LISETA.– Tengo mucha estima y gran respeto por el señor marqués.

EL MARQUÉS.– ¿De verdad? Me agrada oír eso, Liseta; yo también te aprecio. Me pareces una moza buena, y perteneces a una ama de grandísimo mérito.

LISETA.– Hace tiempo que lo sé, señor.

EL MARQUÉS.– ¿Nunca te habla de mí? ¿Qué te cuenta?

LISETA.– ¡Oh! Nada.

EL MARQUÉS.– Es que, que quede entre nosotros, no hay mujer a la que quiera tanto como a ella.

LISETA.– ¿Qué entendéis por querer, señor marqués? ¿Os referís a amar?

EL MARQUÉS.– Pues sí, siento amor, inclinación, llámalo como quieras, el nombre me da igual. La quiero más que a ninguna otra. Eso es todo.

LISETA.– Si vos lo decís.

EL MARQUÉS.– Pero ella no sabe nada; no me he atrevido a confesárselo. No se me da nada bien hablar de amores.

LISETA.– Ya lo veo.

EL MARQUÉS.– Sí, me azoro, y como tu señora es una mujer harto razonable, me da miedo que se burle de mí, porque me quedaría sin habla; así que he pensado que lo mejor es que la predispongas a favor mío.

LISETA.– Os ruego me perdonéis señor, pero deberíais pensar en otra cosa porque en verdad os digo que no puedo hacer nada por vos.

EL MARQUÉS.– Y, ¿se puede saber por qué? Te estaré muy agradecido. Sabré recompensarte por tus esfuerzos; y si este mozo *(señalando a Espino)* te conviniera, os dotaría espléndidamente a ambos.

ESPINO.– *(fríamente y sin mirar a Liseta.)* Piénsalo bien, señorita.

31

LISETA.– No hay trato, señor marqués. Si hablara de vuestros sentimientos a mi señora, por mucho que digáis que da igual el nombre, se enfadaría conmigo, y con vos de paso. ¿Acaso no la conocéis?

EL MARQUÉS.–¿ Crees entonces que no hay nada que hacer?

LISETA.– Absolutamente nada.

EL MARQUÉS.– ¡Qué pena! Lo que me dices me disgusta mucho. ¡Es tan amable conmigo! Bueno, pues olvidémoslo.

ESPINO.– *(fríamente.)* Señor, no os desaniméis. No tengáis en cuenta el relato de esta señorita, os está engañando. Retirémonos; venid a parlamentar conmigo aparte, yo sabré consolaros. Partamos.

EL MARQUÉS.– Ven; veamos qué tienes que decirme. Adiós, Liseta; no me perjudiques, es todo lo que te exijo.

ESPINO.– No exijáis nada; no molestemos más a la señorita. *(El marqués se va.)*

ESCENA V

ESPINO, LISETA

ESPINO.– Seamos enemigos declarados, eso sí, con toda la galantería; hagámonos daño con total franqueza. Adiós, gentil persona, te quiero, ni más ni menos; consérvame tu corazón, te lo dejo en prenda.

LISETA.– Adiós, mi pobre Espino; puede que de todos los gascones seas el más loco, pero también el más gracioso.

ESCENA VI

LA CONDESA, LISETA

LISETA.– Por ahí llega mi señora. La veo de un mal humor que no creo que estos amoríos le parezcan nada graciosos. Y, ¡ojo!, que no me extrañaría que pusiera bien pronto al marqués de patitas en la calle.

LA CONDESA.– *(con una carta en la mano.)* Ten, Liseta, di que lleven esta carta al correo; llevo ya diez escritas esta semana. ¡No hay nada más estúpido que un pleito! ¡Me tiene agotada! No me extraña que haya tantas mujeres que se casen.

LISETA.– *(riéndose.)* ¡Valiente pleito! ¡Un asuntillo de mil francos! ¡Vaya una cosa para vos! ¿Queréis volver a casaros? Tengo lo que necesitáis.

LA CONDESA.–¿ Qué es eso de querer volver a casarme? ¿Por qué me dices eso?

LISETA.– No os enfadéis; solo pretendía hacer una gracia.

LA CONDESA.– Podría haberte hecho la confidencia alguien de París, en todo caso, ni me lo mientes.

LISETA.– ¡Oh! Pero es que seguro que conocéis a la persona a la que me refiero.

LA CONDESA.– Dejémoslo. Estoy pensando en algo: el marqués solo tiene un criado y es muy posible que lo necesite; deseaba preguntarle si no tiene que llevar algún paquete al correo para que se encargara también del mío. ¿Dónde está el marqués? ¿Lo has visto esta mañana?

LISETA.– ¡Oh! sí; ¡rediez! Tiene sus motivos para madrugar. Pero volvamos al marido que he de proponeros, que se muere por vos, que siente una pasión que lo consume…

LA CONDESA.– ¿Quién es ese bobo?

LISETA.– Adivinadlo.

LA CONDESA.– El que se consume es que es tonto perdido. No quiero saber nada de París.

LISETA.– No es de París; vuestra conquista está en un castillo. Lo tratáis de bobo, yo voy a hacer sus alabanzas. Es un pretendiente que parece una persona sencilla y buena. ¿Ya habéis caído?

LA CONDESA.– En absoluto. ¿Quién podrá ser?

LISETA.– Pues, ¡quién va a ser! El marqués.

LA CONDESA.– ¿El nuestro?

LISETA.– El mismo que viste y calza.

LA CONDESA.– Nunca lo habría imaginado. Y, ¿de dónde sacas eso de persona sencilla y buena? Di

mejor con un aire franco y natural, eso sí; así lo
habría reconocido.

LISETA.– A fe mía, señora, os lo pinto como lo veo.

LA CONDESA.– Pues ves mal, pero que muy mal;
con semejante retrato, no lo adivinaría nadie ni en
mil años. Pero, ¿cómo te has enterado de ese
amor que me tiene?

LISETA.– Por él, que me lo dicho; nada menos. ¿No
os entra la risa? Fingid que no estáis al corriente.
Por lo demás, no os costará mucho deshaceros de
él con mano izquierda.

LA CONDESA.– ¡Ay! El caso es que no me cae mal.
Es un hombre de palabra, un hombre que goza de
mi consideración y que, además, posee excelentes
cualidades; y, puestas a tener pretendientes, prefiero que sea él antes que cualquier otro. Pero
igual te has confundido. Puede que solo te haya
hablado de estima; sí sé que tiene mucha por mí,
mucha; me lo ha mostrado un millón de veces de
manera muy cortés.

LISETA.– No, señora, se trata de un amor fruto de
vuestros encantos; ha pronunciado la palabra, y
sin trabarse como suele pasarle. Es el fuego de la
pasión; languidece, suspira.

LA CONDESA.– ¿Tú crees? Si es así, lo compadezco;
no es un atolondrado; lo sentirá, puesto que lo dice, y de gente así no me gusta burlarme; su amor
nunca es ridículo. Pero no se atreverá a hablarme
de ello, ¿no?

LISETA.– ¡Oh! No temáis, le he puesto las cosas en su sitio; no se aventurará. Le he quitado de la cabeza toda esperanza; ¿he hecho bien?

LA CONDESA.– Claro que sí, bueno, sí, sin duda; pero espero que no hayas sido demasiado brusca con él; ten cuidado con esas cosas; es un buen amigo que quiero conservar y tú a veces tienes un tono demasiado duro y arisco, Liseta; igual deberías haberle dejado con la ilusión.

LISETA.– Ni hablar. ¡Pues no pretendía que intercediese por él con vos!

LA CONDESA.– ¡Pobre hombre!

LISETA.– Así que le contesté que yo no podía meterme donde no me llaman, que seguro que os enfadaríais conmigo si os decía algo, que me echaríais con cajas destempladas, y luego a él.

LA CONDESA.– ¿A él? ¡Qué grosería! ¡Ay! ¡Eso le dijiste! ¡Con cajas destempladas! Además, ¿crees que te habría echado a ti? Sabes perfectamente que no. ¿Por qué le has mentido, Liseta? Vas a conseguir que se convierta en mi enemigo uno de los hombres que más considero del mundo y que más lo merece. ¡Qué lenguaje tan torpe! ¡Propio de una criadilla! ¿Acaso era tan complicado decirle: "Señor, excusadme, no es asunto de mi incumbencia; hacedlo vos mismo"? Me gustaría que se atreviese a confesármelo, aunque solo fuera para arreglar un poco tu desaguisado. ¡Con cajas destempladas! ¡Con cajas destempladas! Seguro que se ha sentido insultado.

LISETA.– ¡Y yo os digo que no, señora!; era imposible quitároslo de encima a menor costo. ¿Tendríais que amarlo solo por no enfadarlo? ¿Queréis convertiros en su esposa solo por cortesía? Además, está comprometido con Hortensia. No le he dicho una palabra de más, y vos estáis tranquila. Pero miradlo, por ahí llega, pensativo; evitadlo, estáis a tiempo.

LA CONDESA.– ¿Evitarlo? ¿A él, que me está viendo? ¡Ah! Ni se me ocurre. Después de lo que le has dicho, si me voy pensará que he sido yo quien te he ordenado hablarle así. No, no. No pienso cambiar mi actitud con él. Vete a entregar mi carta.

LISETA.– *(aparte.)* ¡Uy! Aquí hay gato encerrado. *(En voz alta.)* Señora, creo que debo permanecer aquí, junto a vos; es la costumbre, y, además, así quedáis a salvo de una declaración.

LA CONDESA.– ¡Vaya artimaña! ¿Qué gano yo evitándolo hoy? ¿Acaso no me tropezaré con él mañana? ¿Tendrás que quedarte siempre junto a mí? No, no, vete. Si me habla, sé cómo contestarle.

LISETA.– Vuelvo en un momento; solo tengo que ir a entregar esta carta a un lacayo.

LA CONDESA.– No, Liseta; es una misiva importante, así que la llevarás en persona y si el correo ha salido ya, me la traerás de nuevo y la enviaré por una vía distinta. No me fío de los sirvientes, no son nada diligentes.

LISETA.– El correo pasa dentro de dos horas, señora.

LA CONDESA.– Pero, ¡bueno! Márchate de una vez, nunca se sabe.

LISETA.– *(aparte.)* ¡Qué pretexto! Esta mujer me esconde algo. *(Sale.)*

ESCENA VII

LA CONDESA, sola

LA CONDESA.– Estaba loca por quedarse. Los criados son odiosos; me incomodan siempre, hasta cuando te sirven más allá de sus obligaciones. Lo hacen todo al revés.

ESCENA VIII

LA CONDESA, ESPINO

ESPINO.– Señora, el señor marqués os ha visto de lejos con Liseta. Os pregunta si puede acercarse; desea haceros una consulta, pero teme resultaros inoportuno.

LA CONDESA.– ¡Él, inoportuno! Nunca. Dile que aquí lo espero, Espino; que venga.

ESPINO.– Voy volando a darle la buena nueva. En un minuto lo tendréis aquí.

ESCENA IX

LA CONDESA, ESPINO, EL MARQUÉS

ESPINO.– Señor, acudid; la señora tiene a bien acordaros su permiso. *(Aparte, al marqués.)* Ánimo, señor; la acogida es halagüeña, casi tierna; es un corazón que está pidiendo a gritos que lo roben. *(Se va.)*

ESCENA X

LA CONDESA, EL MARQUÉS

LA CONDESA.– ¡Bueno! ¿A qué viene tanta ceremonia, marqués? ¿Habéis perdido la cabeza?

EL MARQUÉS.– Señora, sois muy amable; el caso es que tengo varias cosas que deciros.

LA CONDESA.– Efectivamente, os noto pensativo, inquieto.

EL MARQUÉS.– Sí, me siento apesadumbrado. Necesito vuestro consejo y vuestro favor.

LA CONDESA.– Tanto mejor. Aunque no tengáis necesidad de todo eso, me encanta la idea de ser buena con vos.

EL MARQUÉS.– ¡Oh! ¿Buena? De vos depende serme excelente, si así lo deseáis.

LA CONDESA.– ¿Cómo que si así lo deseo? ¿No os fiais de mí? ¡Ah! Os lo ruego, dejaos de miramientos, ya sabéis, marqués, que estoy siempre a vuestra entera disposición, os lo tengo dicho.

EL MARQUÉS.– La confianza que me demostráis me resulta tan agradable que tentado estoy de abusar de ella.

LA CONDESA.– Miedo me da que os resistáis a la tentación. No contáis bastante con vuestros amigos; sois reservado en exceso con ellos.

EL MARQUÉS.– Sí, soy muy tímido.

LA CONDESA.– Como veis, hago lo que puedo para que dejéis de serlo.

EL MARQUÉS.– Estáis al corriente de mi situación con Hortensia, debo casarme con ella o darle doscientos mil francos.

LA CONDESA.– Sí, y también me he dado cuenta de que no era mucho de vuestro gusto.

EL MARQUÉS.– ¡Oh! ¡Os quedáis corta! No me gusta nada de nada.

LA CONDESA.– No me sorprende. ¡Su carácter es tan distinto del vuestro! Es excesivamente afectada para vos.

EL MARQUÉS.– Habéis dado en el clavo; solo piensa en sus encantos. Habría que estar todo el día haciéndole cumplidos, y eso no es mi fuerte. La coquetería me turba, me deja sin habla.

LA CONDESA.– ¡Ah! ¡Ah! Estoy de acuerdo con vos en que algo coqueta sí es; pero casi todas las mujeres lo son. Adonde quiera que vayáis, marqués, os tropezaréis con lo mismo.

EL MARQUÉS.– Menos en vuestro caso. ¡Qué diferencia! ¡En serio! Agradáis sin hacerlo adrede, no es culpa vuestra. Ni siquiera sabéis que sois encantadora; pero los demás lo saben por vos.

LA CONDESA.– ¿Yo, marqués? A ese respecto, estoy segura de que los demás lo ignoran tanto como yo.

EL MARQUÉS.– ¡Oh! Lo que pasa es que hay quienes se callan eso que no ignoran.

LA CONDESA.– ¡Ah! Y, ¿quiénes son, marqués? Amigos como vos, sin duda.

EL MARQUÉS.– ¡Amigos! ¡Qué idea! No creo que los conservéis mucho tiempo.

LA CONDESA.– Os agradezco el pequeño cumplido que me hacéis, así, como quien no quiere la cosa.

EL MARQUÉS.– En absoluto. Sí quiero la cosa. Cuando hablo, lo hago sabiendo lo que digo.

LA CONDESA.– *(riéndose.)* ¿Cómo? ¿Queréis que pierda a los amigos? Y, ¿qué será de vos? ¿Acaso no sois mi amigo?

EL MARQUÉS.– Perdonadme, pero si fuera algo distinto, no resultaría sorprendente.

LA CONDESA.– ¡Pues bien! Yo, desde luego, estaría sorprendida.

EL MARQUÉS.– ¿Y enfadada, además?

LA CONDESA.– Únicamente sorprendida. Y puesto que decís que soy agraciada, lo creeré.

EL MARQUÉS.– ¡Oh! ¡Más aún! ¡Encantadora! Y sería dichoso si Hortensia se os pareciera; me casaría con ella de mil amores; pero como no es así, me cuesta dar el paso.

LA CONDESA.– Os creo; y aún sería peor si os sintierais atraído por otra.

EL MARQUÉS.– Pues precisamente eso es lo peor.

LA CONDESA.– ¡Cómo! ¿Estáis enamorado de otra?

EL MARQUÉS.– Con toda el alma.

LA CONDESA.– *(sonriente.)* Me lo imaginaba, marqués.

EL MARQUÉS.– Y, ¿os habéis imaginado a la persona?

LA CONDESA.– No; pero vais a decírmelo.

EL MARQUÉS.– Preferiría que lo adivinarais.

LA CONDESA.– Y, ¿por qué iba a esforzarme puesto que os tengo delante para decírmelo?

EL MARQUÉS.– Tenéis que caer en quién es porque la conocéis mejor que nadie: es la más guapa, la más franca. ¿Queréis a alguien sin afectación? Pues ahí la tenéis; cuanto más la veo, más la admiro.

LA CONDESA.– Marqués, casaos con ella y dejad a Hortensia; no lo dudéis, no hay otro camino.

EL MARQUÉS.– Sí; pero tengo una duda. ¿Puedo hablaros con sinceridad? ¿No habría forma de salvar los doscientos mil francos?

LA CONDESA.– Para la ocasión, imaginad que soy vuestra alma gemela, que soy vos mismo.

EL MARQUÉS.– ¡Ah! ¡Mi alma gemela! ¡Qué hermoso!

LA CONDESA.– Lo que me place de vos es vuestra franqueza, admirable cualidad. Retomemos la cuestión. ¿Cómo salvar esos doscientos mil francos?

EL MARQUÉS.– Hortensia está enamorada del Caballero. Pero, a propósito, ¿es pariente vuestro?

LA CONDESA.– ¡Oh! Pariente... lejano.

EL MARQUÉS.– Pues bien, de ese amor que ella siente por él, deduzco que no le importo un rábano. Lo mejor sería pues aparentar que sí quiero casarme con ella; ella me rechazará y no le deberé nada; su rechazo hará las veces de recibo.

LA CONDESA.– Sí, bueno, podéis intentarlo. No es que no sea arriesgado; no es tonta, marqués. ¿Imagináis que os rechazará? Pues yo no estoy segura; sois un buen partido.

EL MARQUÉS.– ¿Es eso cierto?

LA CONDESA.– Es lo que creo.

EL MARQUÉS.– Me halagáis y me animáis a hablaros con franqueza.

LA CONDESA.– ¡Que os animo! ¿Seguís con vuestros reparos? Meteos en la cabeza de una vez por todas que solo quiero complaceros, que únicamente me detendré ante lo imposible, y que debéis contar con todo lo que de mí dependa. No perdáis nunca esto de vista, hombre de poca fe, y echadle valor. Queréis consejos, os los doy. Cuando lleguemos al capítulo de los favores, bastará con pedirlos; no serán más complicados de conseguir que el resto, ¿me oís? Enteraos de una vez para siempre.

EL MARQUÉS.– Me embarga la esperanza.

LA CONDESA.– Procedamos por orden. ¿Si Hortensia os tomara la palabra?

EL MARQUÉS.– Espero que no. Pero, si fuera el caso, le pagaría la suma en cuestión, con tal de que antes la persona que me ha robado el corazón me dijera que me quiere.

LA CONDESA.– ¡Ay! ¿Acaso es una persona tan difícil? Pero bueno, marqués, ¿es que no sabe que la amáis?

EL MARQUÉS.– En realidad, no; no me he atrevido a decírselo.

LA CONDESA.– Y todo por vuestra timidez. ¡Oh! en verdad, es llevarla demasiado lejos, y por muy amiga que sea del decoro, no os apruebo; no os hacéis justicia.

EL MARQUÉS.– Ella es tan sensata que le tengo miedo. ¿Me aconsejáis, pues, que le hable?

LA CONDESA.– ¡Claro! ¡Ya estáis tardando! Quizá no esté aguardando otra cosa. Decís que es sensata, ¿qué teméis? Es loable pensar modestamente de uno mismo; pero con modestia y todo, se habla, se propone. Hablad, marqués; hablad, todo irá bien.

EL MARQUÉS.– ¡Ay! si supierais quién es no me animaríais tanto. ¡Qué feliz sois vos, sin amar a nadie y despreciando el amor!

LA CONDESA.– ¡Yo, despreciar lo más natural del mundo! No sería razonable. Lo que desprecio no es el amor sino a los amantes como son en la mayoría de los casos. ¡Cómo voy a despreciar el sentimiento que hace que las personas se amen! ¡Es algo tan honesto! Además de permitido y de involuntario, es el sentimiento más tierno que hay en la vida; ¿cómo iba a odiarlo? No, ciertamente, y perdonaría que me amara al hombre que me lo confesara con esa sencillez de carácter que antes elogiaba en vos.

EL MARQUÉS.– En efecto, cuando se dice ingenuamente, tal como se siente...

LA CONDESA.– En un caso así no hay mal alguno. Siempre se hace con gracia; es lo que pienso. No tengo un corazón de piedra.

EL MARQUÉS.– Sería una pena... ¡Rebosáis salud!

LA CONDESA.– *(aparte.)* ¡Y ahora me sale con mi salud! *(En voz alta.)* Es el aire del campo.

EL MARQUÉS.– ¡El aire de la ciudad os da la misma viveza a los ojos y la misma frescura a vuestra tez!

LA CONDESA.– La verdad es que me encuentro bastante bien. Pero, ¿sabéis que estáis diciéndome cosas tiernas sin pensarlo?

EL MARQUÉS.– ¿Por qué, sin pensarlo? Yo lo pienso.

LA CONDESA.– Reservad esos piropos para la persona a la que amáis.

EL MARQUÉS.– ¡Oh!... Si fuerais vos no tendría que reservarlos.

LA CONDESA.– ¡Cómo! ¡Si fuera yo! ¿Se trata, pues, de mí? ¿Qué significa esto? ¿Me estáis haciendo una declaración de amor?

EL MARQUÉS.– ¡Oh, no! En absoluto. Pero, aunque fuerais vos, no tenéis por qué enfadaros. Tampoco es para tanto. Calmaos; haced como que no he dicho nada.

LA CONDESA.– ¡Otra bonita salida! Sois una persona de lo más singular.

EL MARQUÉS.– Y vos otra con muy mal humor. ¡Y pensar que hace un momento me declarabais que era un hombre con gracia por decir ingenuamente que estaba enamorado! ¿Veis a qué conduce? ¡Pues sí que he adelantado!

LA CONDESA.– *(aparte.)* Yo lo veo más bien atrasado. *(En voz alta.)* ¿Con quién la habéis tomado? ¿A quién creéis que estáis hablando?

EL MARQUÉS.– A nadie, señora. No diré una palabra más. ¿Estáis contenta? Si os enfadáis con todos los que se me parecen, tenéis altercado para rato.

LA CONDESA.– *(aparte.)* ¡Se pasa de original! *(En voz alta.)* Y, ¿quién está teniendo un altercado con vos?

EL MARQUÉS.– ¡Ah! Vuestra manera de rechazarme es bastante brusca.

LA CONDESA.– Vamos, soñáis o qué.

EL MARQUÉS.– ¡Lo que me faltaba! A la cualidad de original con que me habéis honrado hace un momento en voz baja, solo me faltaba la de soñador; por otro lado, no me quejo. No os convengo: ¿qué puedo hacer? Solo callarme, así que me callaré. Adiós, condesa; sigamos siendo buenos amigos y ayudadme a salir del embrollo con Hortensia.

LA CONDESA.– *(aparte.)* ¡Qué hombre! Ni siquiera es capaz de echarme bien en cara mi aspereza. Me gustan las personas simples y sin doblez, pero este personaje se pasa de la raya.

ESCENA XI

HORTENSIA, LA CONDESA, EL MARQUÉS

HORTENSIA.– *(reteniendo al marqués que estaba a punto de irse.)* Señor marqués, os lo ruego, nos os vayáis;

tenemos que hablar, y la señora puede estar presente.

EL MARQUÉS.– Como gustéis, señora.

HORTENSIA.– ¿Sabéis de qué se trata?

EL MARQUÉS.– No, no sé; ya no me acuerdo.

HORTENSIA.– ¡Me sorprendéis! Estaba convencida que seríais el primero en romper el silencio. Me resulta humillante adelantarme a vos. ¿Habéis olvidado que hay un testamento que nos incumbe?

EL MARQUÉS.– ¡Oh! Sí, recuerdo el testamento.

HORTENSIA.– ¿Y que en él se os otorga mi mano?

EL MARQUÉS.– Sí, señora, sí; he de desposaros, es cierto.

HORTENSIA.– Pues bien, señor, ¿qué habéis decidido? Es hora de aclarar mi situación. No os ocultaré que tenéis un rival; es el Caballero, el pariente de la señora de la casa, y que no os prefiero, pues lo prefiero a él antes que a cualquier otro hasta el punto de hacer de él mi esposo si no lo sois vos; es lo que le he dicho a él hasta el momento; y, como me asegura que tiene razones urgentes para saber hoy mismo a qué atenerse, no he podido negarme a su deseo de que viniera a hablar con vos. Señor, ¿lo despido o no? ¿Qué queréis que le diga? Mi mano os pertenece si la pedís.

EL MARQUÉS.– Me honráis, señorita; la acepto, pues.

HORTENSIA.– ¿Es vuestro corazón el que me escoge, señor marqués?

EL MARQUÉS.– ¿Acaso no sois lo bastante atractiva?

HORTENSIA.– ¿Y me amáis?

EL MARQUÉS.– ¿Quién sostiene lo contrario? Hace un momento hablaba de ello con la condesa, aquí presente.

LA CONDESA.– Es verdad, me hablaba de vos; me explicaba que estaba pensando en proponeros ese enlace.

HORTENSIA.– ¿Y os decía que me amaba?

LA CONDESA.– Creo que sí; al menos hablaba de inclinación.

HORTENSIA.– Entonces, señor marqués, ¿por qué me lo habéis ocultado durante seis semanas? Cuando se está enamorado, se demuestra de algún modo, y en nuestro caso, teníais todo el derecho del mundo a declararos.

EL MARQUÉS.– Estoy de acuerdo; pero el tiempo pasa tan rápido; y uno es distraído; además, sin estar seguro de que la gente os secunde…

HORTENSIA.– Sois la modestia en persona. Pues queda acordado, y voy a anunciarlo ahora mismo al Caballero que por ahí se acerca.

ESCENA XII

EL CABALLERO, HORTENSIA, EL MARQUÉS, LA CONDESA

HORTENSIA.– *(en voz baja al Caballero.)* Me ha dicho que acepta mi mano, pero de mala gana; no es más que una artimaña, no os asustéis.

EL CABALLERO.– *(en voz baja a Hortensia)* Me inquietáis. *(En voz alta.)* Pues bien, señora, eso quiere decir que he perdido toda esperanza, ¿no es así? Era normal que el señor marqués deseara casarse con vos.

HORTENSIA.– Sí, Caballero, con él me caso; el trato está cerrado, así que el cielo os tenía destinado a otra. El marqués me amaba en secreto y, según afirma, si no me lo declaró fue por distracción.

EL CABALLERO.– ¡Por distracción! Ya veo, olvidó decíroslo.

HORTENSIA.– Sí, así es; pero acaba de confesármelo, y se lo había confesado a la señora, aquí presente.

EL CABALLERO.– ¡Cómo! Y, ¿por qué no me advertisteis, condesa? A veces me pareció notar que era a vos a quien amaba.

LA CONDESA.– ¡Qué imaginación! ¿A qué viene meterme a mí en todo esto?

HORTENSIA.– Hubo instantes en los que a mí también me lo pareció.

LA CONDESA.– ¡Y dale! Pero, ¿qué broma es esta, Hortensia?

EL MARQUÉS.– En cuanto a mí, mejor me callo.

EL CABALLERO.– Me desesperáis, marqués.

EL MARQUÉS.– Creedme que lo siento, pero poneos en mi lugar; hay un testamento, como sabéis; no puedo hacer otra cosa.

EL CABALLERO.– Sin testamento, puede que no estuvierais tan enamorado como yo.

EL MARQUÉS.– ¡Oh! Perdón; estoy enamorado, y con locura.

HORTENSIA.– Intentaré merecerlo, señor. *(Aparte al Caballero.)* Pedid que se acelere nuestro enlace.

EL CABALLERO.– *(aparte a Hortensia.)* ¿No es arriesgarnos demasiado? *(En voz alta.)* En el estado en que me encuentro, marqués, acabad de probarme que mi desdicha no tiene remedio.

EL MARQUÉS.– Tendréis la prueba cuando me case con ella. Y no puedo hacerlo dentro de un rato.

EL CABALLERO.– Tenéis razón. *(Aparte a Hortensia.)* Se casará con vos.

HORTENSIA.– *(aparte al Caballero.)* Lo estáis estropeando todo. *(Al marqués.)* Entiendo lo que quiere decir el Caballero; es que sigue teniendo esperanzas de que no nos unamos en santo matrimonio vos y yo, señor marqués; ¿No es así, Caballero?

EL CABALLERO.– No, señora, no me queda ninguna esperanza.

HORTENSIA.– Perdón, yo sostengo que no estáis convencido, no, no lo estáis; y como, según me habéis dicho, tenéis que ir mañana a París para tomar las medidas necesarias que la presente ocasión exige, querríais, antes de partir, saber con exactitud si queda aún algún atisbo de esperanza. Esta es la realidad. ¿A que necesitáis una certeza total? *(Aparte, al Caballero.)* Contestad que sí.

EL CABALLERO.– Pero es que... sí.

HORTENSIA.– Señor marqués, estamos tan solo a una legua de París; es temprano; enviad a Espino a buscar a un notario y firmemos el contrato hoy mismo para dar al Caballero la triste confirmación que solicita.

LA CONDESA.– A decir verdad, me parece que sois vos quien le hacéis creer que la solicita; estoy convencida de que no le preocupa lo más mínimo.

HORTENSIA.– *(aparte, al Caballero.)* ¡Apoyadme!

EL CABALLERO.– Es cierto, condesa, el notario me encantaría.

LA CONDESA.– ¡Vaya sentimiento más extraño!

HORTENSIA.– ¿Por qué? Sus asuntos precisan que sepa a qué atenerse; es de lo más sencillo, y tiene razón; no se atrevía a decirlo, lo digo yo por él. ¿Vais a mandar a Espino, señor marqués?

EL MARQUÉS.– Como gustéis. Pero, ¡quién habría imaginado tener hoy aquí a un notario!

HORTENSIA.– *(aparte, al Caballero.)* Insistid.

EL CABALLERO.– Os lo ruego, marqués.

LA CONDESA.– ¡Oh! Caballero, me haréis el favor de esperar a mañana; no tenéis tanta prisa; vuestro capricho no es de esos que merezca tamaños esfuerzos; lo de esta tarde sería un trastorno para todos, que solo nos ocasionaría molestias. Además, tengo algunos asuntos que resolver; mañana será otro día.

HORTENSIA.– *(aparte, al Caballero.)* Apremiad.

EL CABALLERO.– ¡Oh! Condesa, concededme esa gracia.

LA CONDESA.– ¡Una gracia! ¡Qué ruego más heteróclito! ¿Qué tiene de agradable ver a su amante casada con su rival? Pues bien, ¡como desee el señor!

EL MARQUÉS.– Me parece descortés molestar así a la señora; además, estoy de acuerdo con ella; mañana sería más adecuado.

HORTENSIA.– Puesto que consiente ella, mandad llamar a Espino.

ESCENA XIII

LA CONDESA, HORTENSIA, EL CABALLERO, EL MARQUÉS, LISETA

HORTENSIA.– Por ahí llega Liseta; voy a decirle que vaya a buscarlo. Liseta, esta misma tarde ha de formalizarse el contrato matrimonial entre el señor marqués y yo; el marqués quiere enviar a Espino a París en busca de su notario; hazme el favor de ir a decir a Espino que venga a recibir órdenes.

LISETA.– Voy corriendo, señora.

LA CONDESA.– ¿Adónde vas? En cosas de casamientos, no quiero meterme, ni que se metan mis sirvientes.

LISETA.– Yo lo hacía por ayudar. Mirad, ni siquiera tengo que salir; lo estoy viendo en la terraza. *(Lo llama.)* ¡Señor Espino!

LA CONDESA.– *(aparte.)* ¡Será tonta!

ESCENA XIV

EL MARQUÉS, LA CONDESA, EL CABALLERO, HORTENSIA, ESPINO, LISETA

ESPINO.– ¿Quién me llama?

LISETA.– Rápido, rápido, a caballo. Es por un contrato matrimonial entre esta señora y tu amo, y hay que ir a París a buscar al notario del señor marqués.

ESPINO.– *(Al marqués.)* ¡Al notario! ¿Es verdad lo que estoy oyendo, señor? Tenemos una partida de caza esta tarde, y lo tengo todo dispuesto para correr tras la liebre, no tras el notario.

EL MARQUÉS.– Sin embargo, se requiere la presencia de este último.

ESPINO.– No merece la pena que viaje en busca del vuestro; lo doy por muerto. ¿No os habéis enterado? Tenía un ataque de fiebre cuando nos marchamos, y encima un médico a su cabecera: su cerebro deliraba.

EL MARQUÉS.– Es verdad, sí; a propósito, estaba muy enfermo.

ESPINO.– ¿Enfermo? ¡Agonizaba, rediez!…

LISETA.– *(con aire indiferente.)* Pues echamos mano del de la señora.

LA CONDESA.– ¡Te quieres callar! Si el del señor se ha muerto, el mío también. Hace cierto tiempo me comunicó que mi notario y el suyo eran la misma persona.

LISETA.– *(indiferente y aparentando modestia.)* Creo recordar que le escribisteis no hace mucho, señora.

LA CONDESA.– ¡Qué tendrá que ver! ¿Acaso mi carta le impidió morirse? Es cierto que le escribí; pero también que nunca me contestó.

EL CABALLERO.– *(aparte a Hortensia)* Empiezo a sentirme más tranquilo.

HORTENSIA.– *(sonriendo.)* Hay más de un notario en París. Espino verá si se encuentra mejor. Llevamos aquí seis semanas; ha podido curarse en este periodo. Id a escribirle una nota, señor marqués, y pedidle que, si no puede venir él, os indique a otro. Espino irá a prepararse mientras escribís.

ESPINO.– No, señora; si monto a caballo, me quedaré en el camino, seguro. Antes hablaba de la partida de caza, sin embargo ahora me siento mal, pero que muy mal; no, no iré ni tras una presa ni tras un notario.

LISETA.– *(sonriendo.)* ¿Te has muerto tú también?

ESPINO.– No, señorita; pero estoy sufriendo mucho, así que no podría correr detrás de nada ni de nadie. ¡Ay! Si no fuera por respeto a los aquí presentes, me pondría a dar gritos de dolor. Ayer me caí por las escaleras y me rompí todos los huesos; fui rodando de un piso a otro, y habría seguido de no ser porque alguien me retuvo. Imaginaos el daño que me hice, y aún me siento todo magullado.

EL CABALLERO.– ¡Pues bien! Puedes servirte de mi coche. Ordenadle partir, marqués.

EL MARQUÉS.– ¡Pobre muchacho, todo molido! Lo que me extraña es que no esté en la cama después de rodar por un piso entero. Anda, parte, si es que puedes.

HORTENSIA.– Vamos, marcha ya, Espino; en coche no se cansa uno.

ESPINO.– ¿Tendré que confesar la verdad, señorita? Haced el favor de dispensarme de tal encargo. El señor está cavando su propia tumba; vos no lo amáis, señora, lo sé de buena tinta, y este enlace solo puede serle fatal; no me perdonaría haber tomado parte en él. Sé de lo que hablo. Si mis escrúpulos desagradan, que se me diga: "¡Vete!"; que me echen, me someteré a ello; mi probidad me servirá de consuelo.

LA CONDESA.– ¡Esto es lo que se llama un buen sirviente! ¡Quedan tan pocos!

EL MARQUÉS.– *(A Hortensia.)* Ya lo habéis oído. ¿Qué queréis que haga con un cabezota semejante? Aunque me enfade, no valdrá de nada. Así que lo echaré. *(A Espino)* Retírate.

HORTENSIA.– Nos las arreglaremos sin él. Id a escribir; uno de mis criados llevará la carta, o cualquier persona del pueblo.

ESCENA XV

HORTENSIA, EL MARQUÉS, LA CONDESA, EL CABALLERO

HORTENSIA.– Id, id a escribir vuestra misiva; yo voy a redactar una nota para que, de paso, la dejen en mi casa.

EL MARQUÉS.– De acuerdo; pero pensadlo bien; si por casualidad no me amaráis, peor para vos, porque yo procedo de buena fe.

EL CABALLERO.– *(aparte a Hortensia.)* Estáis llevándolo demasiado lejos.

HORTENSIA.– *(aparte al Caballero.)* ¡Tranquilo! *(En voz alta.)* Lo tengo bien pensado, señor; adiós, Caballero, ya veis que no puedo seguir escuchándoos.

EL CABALLERO.– Adiós, señorita; voy a entregarme al dolor en el que me habéis sumido.

ESCENA XVI

EL MARQUÉS, LA CONDESA

EL MARQUÉS.– ¡No me lo puedo creer! El diablo la ha tomado conmigo. Queréis que esa muchacha me ame.

LA CONDESA.– No; pero es lo bastante indómita como para casarse con vos. Creedme, cortad con ella.

EL MARQUÉS.– ¿Si le ofreciera cien mil francos? Pero no puedo disponer de esa cantidad; no los tengo.

LA CONDESA.– Que eso no os retenga; yo os los prestaré, los tengo en París. Llamadlos; vuestra situación me da pena. Corred, todavía los estoy viendo a los dos.

EL MARQUÉS.– Mil gracias. *(Los llama.)* ¡Señora! ¡Caballero!

ESCENA XVII

EL CABALLERO, HORTENSIA, EL MARQUÉS, LA CONDESA

EL MARQUÉS.– ¿Queréis tener la bondad de volver? Tengo unas palabras que comunicaros.

HORTENSIA.– ¿De qué se trata?

EL CABALLERO.– También me habéis llamado a mí; ¿Debo pensar que esto presagia algo bueno?

HORTENSIA.– Creía que ibais a escribir la misiva.

EL MARQUÉS.– Una cosa no quita la otra. Pero es que tengo una propuesta que haceros, y es de lo más razonable.

HORTENSIA.– ¿Una propuesta, señor marqués? Entonces, ¿me habéis engañado? Vuestro amor no es tan sincero como afirmabais.

EL MARQUÉS.– ¿Qué diantres queréis? Además, la gente pretende que vos no me amáis, y eso me fastidia.

HORTENSIA.– Aún no os amo, pero lo haré. Además, señor, si una es virtuosa, puede pasarse del amor por un marido.

EL MARQUÉS.– ¡Oh! Yo sería un marido que no pasaría de ello, podéis creerme. Si nos casáramos, lo único que ganaríamos sería estar discutiendo todo el día, y no resultaría nada agradable; así que mejor nos acomodamos. Dividamos la diferencia en dos: hay doscientos mil francos en el testamento; tomad la mitad aunque no me améis y olvidémonos de todos los notarios, de los vivos y de los muertos.

EL CABALLERO.– *(aparte a Hortensia.)* Ya no temo nada.

HORTENSIA.– Perdéis la cabeza, señor; cien mil francos no pueden compararse con el beneficio que resultaría de nuestro enlace; ya veo que no conocéis bien vuestra valía.

EL MARQUÉS.– A fe mía, bien poco valgo cuando estoy de mal humor y ya os anuncio que estaré así siempre.

HORTENSIA.– Confío en mi natural ternura.

EL MARQUÉS.– ¿No queréis, pues? De acuerdo, casada seréis.

HORTENSIA.– Es lo más corto, me marcho por donde he venido.

EL MARQUÉS.– ¿No soy ya bastante desdichado al tener que entregar la mitad de semejante suma a una persona a la que le doy exactamente igual? Pleiteemos, pues, señora; veremos si se me puede obligar a desposar a una muchacha que no me ama.

HORTENSIA.– Y yo declararé que os amo: ¿Quién me probará lo contrario puesto que os acepto por esposo? Afirmaré que sois vos quien no me amáis y que, incluso, según dicen, estáis enamorado de otra.

EL MARQUÉS.– Al menos, en todo caso, no se conoce a esa persona tan bien como al Caballero.

HORTENSIA.– ¿Esos creéis, señor? Yo bien la conozco.

LA CONDESA.– ¡Oh! Concluid de una vez, señor. ¡Ah! ¡Qué polémica más odiosa!

HORTENSIA.– Sí, concluyamos. Me casaré con vos, señor; no hay más que hablar.

EL MARQUÉS.– ¡Vale! Y yo también, señora, y yo también.

HORTENSIA.– A casarnos, pues.

EL MARQUÉS.– ¡Sí, pardiez! Lo haré con mucho gusto; pero tendréis que enamoraros de mí; y durante el inicio de nuestra vida matrimonial, pretendo, por favor, que el Caballero tenga la bondad de ser nuestro amigo de lejos.

EL CABALLERO.– *(aparte a Hortensia.)* No os lo creáis; está picado.

HORTENSIA.– *(aparte al Caballero.)* Callaos. *(Al marqués.)* El Caballero me conoce lo bastante bien como para saber que no volverá a verme. Adiós, señor; voy a escribir mi nota; tened la vuestra lista; no perdamos más tiempo.

LA CONDESA.– ¡Oh! En cuanto a vuestro contrato, os aseguro que iréis a firmarlo donde os plazca, pero no será en mi casa. Es suicidarse, casarse como hacéis, y nunca prestaré mi castillo para una ceremonia tan modesta; id a desfogar vuestro furor a otra parte, si os parece bien.

HORTENSIA.– ¡Pues bien! Condesa, la marquesa es vecina vuestra; iremos a su casa.

EL MARQUÉS.– Sí, si es que doy mi consentimiento, porque la verdad es que no conozco de nada a vuestra marquesa.

HORTENSIA.– *(marchándose.)* Me da igual, señor, consentiréis. Os dejo.

ESCENA XVIII

LA CONDESA, EL MARQUÉS, EL CABALLERO

EL CABALLERO.– *(aparte.)* Visto lo visto, mi esperanza renace un poco.

(Hace amago de salir.)

LA CONDESA.– *(deteniéndolo.)* Quedaos, caballero; hablemos un poco de todo esto. ¿Habéis visto alguna vez cosa semejante? ¿Qué pensáis vos, que amáis a Hortensia, vos a quien ama ella? ¿No os hace temblar esta boda? Yo, sin ser amante del marqués, estoy horrorizada.

EL CABALLERO.– *(haciéndose el aterrado.)* ¡Es espantoso! No tiene parangón.

EL MARQUÉS.– A mí no me preocupa apenas; será mi esposa, pero yo, en revancha, seré su marido:

es lo que me consuela, y es más asunto suyo que mío. Hoy el contrato, mañana los esponsales y esa misma noche confinada en sus apartamentos; sin más miramientos. Me he picado, no se merece otro trato.

LA CONDESA.– Pues yo creo que deberíamos impedir este compromiso a toda costa; y un notario, si fuera persona honrada y estuviera instruido del caso, se negaría tajantemente a oficiar como tal. Si pudiera, los mandaría encerrar. ¿Cómo puede Hortensia sacrificarse a intereses tan viles? Vos, Caballero, que sois generoso de nacimiento, y que tenéis poder sobre ella, retenedla; por piedad, haced que atienda a razones, si no lo hace al amor. Estoy segura de que mercadea tan indignamente solo a causa de vos.

EL CABALLERO.– *(aparte.)* Ya no hay riesgo en mantenerse firme. *(En voz alta.)* Y, ¿qué queréis que haga yo, condesa? No veo remedio posible.

LA CONDESA.– ¿Cómo? ¿Qué decís? He debido de oír mal, porque os estimo.

EL CABALLERO.– Digo que tengo las manos atadas, y que es mi amor, precisamente, el que me impide proceder como deseáis.

LA CONDESA.– Y, ¿a qué salida ingeniosa recurriréis para probarme lo bien fundamentado de ese mezquino razonamiento vuestro?

EL CABALLERO.– Señora, yo quiero que ella sea dichosa. Si me caso con ella, no lo sería con la escasa fortuna que poseo; la dulzura de nuestra unión se alteraría; yo sería testigo de su arrepentimiento por haberse casado conmigo, por no haberse casado con el señor, y eso es algo a lo que no quiero exponerme.

LA CONDESA.– Por toda respuesta no puedo sino encogerme de hombros. ¿De verdad sois vos quien me habla, Caballero?

EL CABALLERO.– Sí, señora.

LA CONDESA.– ¡Vaya, primo mío! ¿Así que vos también tenéis el alma mercenaria! Ya no me extraña esa inclinación que sentís el uno por el otro. Sí, sois digno de ella; vuestros corazones están hechos el uno para el otro. ¡Ay! ¡Qué manera más fea de amar!

EL CABALLERO.– Señora, la verdadera ternura razona exactamente como yo.

LA CONDESA.– ¡Ay, señor!, no pronunciéis la palabra ternura: la profanáis.

EL CABALLERO.– Pero...

LA CONDESA.– Insisto, me escandalizáis. Por desgracia sois pariente mío, pero no me veréis presumir de ello. ¿No se os cae la cara de vergüenza? Habláis de vuestra fortuna; la conozco; os permite soportar cómodamente la pérdida de una suma tan exigua como la que es objeto de litigio aquí, y que solo se adquirirá mediante malas artes. ¡Ay! ¡Cielos! ¡Pensar que os apreciaba! ¡Qué sórdida avaricia! ¡Qué corazón desalmado! Y semejantes personas dicen que se aman. ¡Ay, qué amor más ruin! Podéis retiraros; no tengo nada más que deciros.

EL MARQUÉS.– *(bruscamente.)* Ni yo tengo tampoco nada más que oír. La misiva está a punto de ser enviada; tenéis todavía tres horas para hablar con Hortensia, después de lo cual espero que no volvamos a vernos.

EL CABALLERO.– Señor, una vez que se firme el contrato, partiré. En cuanto a vos, condesa, cuando volváis a pensar en esto con más detenimiento, excusaréis a vuestro pariente y seréis más justa con él. *(Sale.)*

LA CONDESA.– ¡Oh!, no; se terminó entre nosotros, siento por él un desprecio infinito.

ESCENA XIX
EL MARQUÉS, LA CONDESA

EL MARQUÉS.– ¡Y bien! ¿No os doy lástima?

LA CONDESA.– ¡Ay, señor!, libraos de ella, dadle los doscientos mil francos y no se hable más.

EL MARQUÉS.– ¡Doscientos mil francos solo por no casarme con ella! ¡No, pardiez! ¡No me forzaré hasta ese punto! No podría reunir esa suma sin incomodarme.

LA CONDESA.– ¿No os he dicho que tengo lista la mitad de esa cantidad? En cuanto al resto, intentaremos encontrarlo.

EL MARQUÉS.– ¡Ay! ¿Acaso no hay que devolverlo cuando se toma prestado? Si me hubierais aceptado, eso habría cambiado las cosas; pero, puesto que no hay nada que hacer, me quedo con la señorita; me costaría demasiado cara si la rechazara.

LA CONDESA.– ¡Demasiado cara! ¡Cuidado, empezáis a hablar como ellos! ¿Seríais capaz de sentimientos tan mezquinos? Más valdría que os costara todo vuestro capital antes que retenerla, puesto que no la amáis, señor.

EL MARQUÉS.– ¡Oh! ¿Amaría a otra más que a ella? A excepción de vos, toda mujer me da igual: morena, rubia, bajita o alta, todo eso viene a ser lo mismo puesto que no os poseo, que no puedo poseeros, y que solo os amaba a vos.

LA CONDESA.– Ved pues vos mismo cómo vais a arreglároslas; porque, bueno, ¿es necesario que me case con vos solo para sacaros del embrollo en que os encontráis? La verdad, marqués, es que me parece demasiado fuerte.

EL MARQUÉS.– ¡Oh! No digo que sea necesario; seré ridículo, pero no tanto. Sé perfectamente que no estáis obligada a nada. No es culpa vuestra si estoy enamorado de vos, y no pretendo que me améis; ni siquiera os saco el tema.

LA CONDESA.– Y hacéis muy requetebién, señor; vuestra discreción es de lo más razonable; esperaba que así fuera, y estáis equivocado al pensar que os supongo más ridículo de lo que sois.

EL MARQUÉS.– Toda mi desgracia se reduce a que me casaré con esa muchacha algo más apenado que si no os hubiera conocido. Es todo cuanto os debo. Adiós, condesa.

LA CONDESA.– Adiós, marqués; Veo que os marcháis con mucha desenvoltura, ¡y sin que se os ocurra más solución que ese extravagante contrato!

EL MARQUÉS.– ¡Oh! Y, ¿qué otra solución? Solo veo una que no ha funcionado, y ya no se me ocurren más. Quedo vuestro humilde servidor.

LA CONDESA.– Buenas noches, señor; no perdáis el tiempo en reverencias, que el caso apremia.

ESCENA XX

LA CONDESA, sola

LA CONDESA.– ¡Que se me diga en virtud de qué ese hombre se ha metido en la cabeza que no lo amo! A veces me impaciento tanto que me entran ganas de decirle que estoy enamorada de él para que se dé cuenta de lo idiota que es. Tengo que salirme con la mía.

ESCENA XXI

ESPINO, LA CONDESA

ESPINO.– ¿Puedo permitirme la licencia de acercarme a la señora condesa?

LA CONDESA.– ¿Qué tienes que decirme?

ESPINO.– Que tengáis a bien reconciliarnos al señor marqués y a mí.

LA CONDESA.– Es cierto que, alterado como está, es capaz de castigarte por haberle servido bien.

ESPINO.– Me cabe la satisfacción de que vos habéis aprobado mi negativa a partir. Os ha parecido que era un criado excelente; señora, me siento bien pagado con los elogiosos términos de vuestra justicia.

LA CONDESA.– Sí, excelente, lo repito.

ESPINO.– Sin embargo, esa excelencia es precisamente la que hace que hoy corra riesgo mi puesto. Por muy estimado que me vea por la condesa más encantadora del mundo, ella misma será testigo de que me ponen de patitas en la calle.

LA CONDESA.– No, no, a mí no me lo ha parecido. Intercederé por ti.

ESPINO.– Señora, haced ver al señor marqués el mérito de mi procedimiento. El notario en cuestión me tenía consternado: por mi exceso de celo, lo he dado por muerto; ¡y hasta lo habría enterrado, pardiez! Todo por afecto, y a pesar de ello, ¡se me regaña! *(Acercándose a la condesa con aire de miste-*

rio.) Sé de buena tinta que el señor marqués os ama; Liseta lo sabe; mi señor y yo le rogamos que os dijera dos palabras para despertar vuestra compasión, pero teme que disminuyan sus pequeños beneficios.

LA CONDESA.– ¿Qué quieres decir?

ESPINO.– Os lo diré más claro. Ella pretende que vuestro estado de viuda le proporciona más ganancias que las que obtendría si fuerais mujer con un futuro esposo en ciernes, dicho de otra manera, que así le sois más provechosa, más lucrativa.

LA CONDESA.– ¡Más lucrativa! ¿Ese era, entonces, el motivo de los rechazos de Liseta? ¡Vaya pícara!

ESPINO.– Esa prudencia suya no os agrada, os repugna; vuestra bella alma de condesa se escandaliza; pero no todo el mundo es condesa: lo que os cuento es un pensamiento propio de una criadilla. Hay que excusar a la servidumbre. ¿Se enfada uno porque una hormiga se arrastre? La mediocridad de su estado hace que tenga pensamientos mediocres. Liseta no posee bienes, y con esos sentimientos mezquinos, acabará haciéndose con cierto capital.

LA CONDESA.– ¡Menuda impertinente! Aquí llega. Vete, déjanos; te reconciliaré con tu amo; dile que le ruego que venga a hablarme.

ESCENA XXII

LISETA, LA CONDESA, ESPINO

ESPINO.– *(a Liseta.)* Señorita, vas a toparte con un tiempo borrascoso; pero es tan solo una galantería de las mías para obtener tu corazón.

ESCENA XXIII

LISETA, LA CONDESA

LISETA.– ¿Qué ha querido decir?

LA CONDESA.– ¡Ah! ¿Eres tú?

LISETA.– Sí, señora; el correo aún no había salido. ¡Y bien! ¿Qué os ha dicho el marqués?

LA CONDESA.– ¡Mereces que me case con él!

LISETA.– No sé por qué me lo merezco; pero sí sé que, después de pensarlo bien, venía a aconsejaros eso mismo. *(Aparte.)* Hay que dejarse llevar por la corriente.

LA CONDESA.– Me sorprendes. ¿Y tus beneficios? ¿Qué pasará con ellos?

LISETA.– ¿A qué beneficios os referís?

LA CONDESA.– No neguéis que habéis dicho a Espino que ganarías menos si yo tuviera un marido. ¿Así que tendría que volver a casarme para escapar a la traición y a los servicios interesados de mis criados?

LISETA.– ¡Ah! ¡El muy granuja! Ha cumplido con su palabra. ¿No sabéis que me ama, señora, y que por eso le interesa que os caséis con su señor? Y como me he negado a hablaros a favor del marqués, Espino ha creído que conspiraba en contra suya, me ha vaticinado que me arrepentiría, y así es como procede. Pero, decidme la verdad, ¿creéis en serio que he podido pronunciar esas palabras que pone él en mi boca? ¿Le veis algún sentido? ¿Me apreciaríais menos si os casáis? ¿Seréis menos buena, menos generosa?

LA CONDESA.– No creo.

LISETA.– Sobre todo, con el marqués que, además, es el mejor hombre del mundo. Así que, ¿qué perdería yo? Al contrario, si me importaran tanto mis beneficios, a las ventajas que obtengo de vos podrían sumarse las que pudiera esperar de él.

LA CONDESA.– Sin duda.

LISETA.– Y encima pienso de manera tan opuesta que precisamente venía ahora, como acabo de deciros, a intentar convenceros de aceptar el enlace en cuestión porque lo considero necesario.

LA CONDESA.– Pues muy bien, te creo. No sabía que Espino estaba enamorado de ti; eso lo cambia todo, y justifica tu comportamiento.

LISETA.– Sí; pero veo que es fácil preveniros contra mí, señora; no hacéis justicia a la devoción que os profeso.

LA CONDESA.– Te equivocas; sé bien lo que vales, y no estaba tan convencida como te imaginas. No se hable más. ¿Qué querías decirme?

LISETA.– Que pensaba que el marqués es un hombre digno de estima.

LA CONDESA.– No me cabe la menor duda; siempre lo he creído así.

LISETA.– Un hombre que será para vos un amigo seguro, y nunca un amo.

LA CONDESA.– Eso también es verdad, no te lo discutiré.

LISETA.– Vuestros negocios os tienen agotada.

LA CONDESA.– Más de lo que parece; no me las arreglo nada bien, soy muy perezosa.

LISETA.– Y eso os pone de mal humor, algo que perjudica vuestra salud.

LA CONDESA.– Sufro de migrañas desde que me quedé viuda.

LISETA.– Procuradores, abogados, recaudadores de impuestos, el marqués os libraría de toda esa gentuza.

LA CONDESA.– Te confieso que has reflexionado al respecto con más madurez que yo. Hasta ahora no encuentro razones que puedan combatir tus argumentos.

LISETA.– ¿Sabéis que quizá sea el único hombre que os convenga?

LA CONDESA.— He de pensarlo muy en serio.

LISETA.— ¿No sentís aversión por él?

LA CONDESA.— No, en absoluto. No digo que lo ame, como suele entenderse, con pasión; pero mi corazón no me dice nada en su contra.

LISETA.— ¡Ah! ¿Y no os parece bastante? ¡Pasión! Si para casaros, esperáis sentirla, os quedaréis viuda para siempre; y, a decir verdad, no os propongo que os caséis con él sino con su carácter.

LA CONDESA.— Que es admirable, te doy la razón.

LISETA.— Y, además, ¡ved el favor que le haréis, de paso, al romper ese enlace que va a concluir más por desesperación que por interés!

LA CONDESA.— Sí, realizaré una buena acción, y hay que intentar hacer todas las que se puedan.

LISETA.— Sobre todo, si no es una carga para el corazón.

LA CONDESA.— De acuerdo. Desde luego, no puede decirse que no lo defiendas bien. Me has predispuesto totalmente a su favor; pero no es seguro que él sea capaz de sacar provecho de todo esto, niña mía.

LISETA.— Y, ¿por qué, pues? ¿Acaso no os ha hablado de amor?

LA CONDESA.— Sí, me ha dicho que me amaba, y mi primera reacción ha sido hacerme la sorprendida; era lo menos que podía hacer. ¿Sabes qué ha pasado? Que se ha tomado mi sorpresa por enfado.

Ha empezado por deducir que yo no podía aguantarlo. En una palabra, que lo detesto, que estoy furiosa porque me ama; esa es su suposición; después de eso, no podría desengañarlo sin decirle: "Señor, no sabéis lo que decís." Y eso supondría precipitarme en sus brazos, así que no haré nada.

LISETA.– ¡Oh! Eso es otra cosa; tenéis razón; tampoco os lo aconsejo yo; dejadlo estar.

LA CONDESA.– ¡Bueno! Quieres que me case con él y que lo deje estar; pasas de un extremo a otro. ¡Ay! Quizá no está tan equivocado, y es culpa mía. A veces le contesto con acritud.

LISETA.– Estaba pensando lo mismo: es lo que iba a deciros. ¿Queréis que hable con Espino y que le insinúe que lo anime?

LA CONDESA.– No, te lo prohíbo, Liseta, a no ser que yo no tenga nada que ver.

LISETA.– Aparentemente, no sois vos quien tomáis la iniciativa sino yo.

LA CONDESA.– En tal caso, no sé nada. Si me caso con él, te lo deberé a ti; y pretendo que se entere para que te recompense por ello.

LISETA.– Como queráis, señora.

LA CONDESA.– A propósito, ese vestido marrón que no me gustaba, ¿lo has cogido? He olvidado decirte que te lo daba.

LISETA.– Ya veis que mis beneficios disminuirán con vuestro matrimonio. Os dejo. Voy a buscar a Espino. Pero creo que no hace falta; por ahí llega el marqués. Me voy.

ESCENA XXIV
EL MARQUÉS, LA CONDESA

EL MARQUÉS.– Aquí tengo la carta que acabo de escribir para el notario, pero no sé si voy a enviarla; no estoy de acuerdo conmigo mismo. ¿Me dicen que deseáis hablar conmigo, condesa?

LA CONDESA.– Sí, en defensa de Espino. Solo ha queridos rendiros servicio; tiene miedo de que lo despidáis, así que os estaré agradecida si lo guardáis junto a vos; es una gracia que no podéis negarme, puesto que decís que me amáis.

EL MARQUÉS.– En verdad os amo, y os amaré aún largo tiempo. Demasiado.

LA CONDESA.– No os lo impido.

EL MARQUÉS.– ¡Pardiez! No creo que fuerais capaz, puesto que ni yo mismo puedo impedírmelo.

LA CONDESA.– *(riéndose.)* ¡Ja, ja, ja! Ese tono brusco me hace reír.

EL MARQUÉS.– ¡Oh! ¡Pues sí que es chistosa la cosa!

LA CONDESA.– Más de lo que pensáis.

EL MARQUÉS.– A fe mía, pienso que querría no haberos visto nunca.

75

LA CONDESA.– Explicáis vuestra inclinación con una gracia infinita.

EL MARQUÉS.– ¡Esta sí que es buena! ¡Gracia! ¿Y de qué me serviría? ¿No le ha placido a vuestro corazón encontrarme odioso?

LA CONDESA.– ¡Y dale con el odio! Pero, ¡bueno! ¿Qué pruebas tenéis del mío? Será por mi paciencia a la hora de escuchar vuestros discursos, siempre tan extraños. ¿Acaso os he dicho alguna vez que me irritáis, que os odio, que me burlo de vos? No son sino visiones fruto de vuestra imaginación y que me atribuís, visiones que exageráis, que multiplicáis cada vez que me contestáis o que creéis contestarme... porque ¡sois de un torpe! Vuestras respuestas son tan poco acertadas para mí como para quien no os dirigió la palabra jamás; ¡y encima el señor se queja!

EL MARQUÉS.– Es que el señor es un extravagante.

LA CONDESA.– Al menos es el hombre más insoportable que conozco. Sí, podéis estar convencido de que no hay nada tan original, tan increíble como vuestras conversaciones conmigo.

EL MARQUÉS.– ¡No sabéis hasta qué punto me acomoda vuestra aversión!

LA CONDESA.– Vais a ver. Mirad: decís que me amáis, ¿verdad? Os creo. Pero, veamos, ¿desearíais que os respondiera?

EL MARQUÉS.– ¿Que qué desearía yo? ¡Pues vaya una cosa difícil de adivinar! Pardiez, de sobra lo sabéis.

LA CONDESA.– ¡Vaya! ¿Es eso una respuesta? Dejémoslo, señor, no os amaré jamás, no, jamás.

EL MARQUÉS.– Tanto peor, señora, tanto peor; os ruego que no toméis a mal que me enfade.

LA CONDESA.– Enteraos de una vez que cuando se le dice a alguien que se le ama, al menos hay que preguntarle luego qué piensa.

EL MARQUÉS.– ¡Estáis buscando querella!

LA CONDESA.– Ya no aguanto más; adiós.

EL MARQUÉS.– ¡Pues bien!, señora, os amo; ¿qué pensáis vos? Y os lo pregunto de nuevo: ¿qué pensáis?

LA CONDESA.– ¡Ah! ¿Que qué pienso? Que sí quiero, señor. Y os lo digo de nuevo, que sí quiero; porque si no os contestara así, no acabaríamos nunca.

EL MARQUÉS.– ¡Ah! ¿Sí queréis? ¡Ah! ¡Respiro! Condesa, dadme vuestra mano que la bese.

ESCENA XXV

LA CONDESA, EL MARQUÉS, HORTENSIA, EL CABALLERO, LISETA, ESPINO

HORTENSIA.– ¿Esta lista vuestra misiva, marqués? Pero me ha parecido que besabais la mano de la condesa.

EL MARQUÉS.– Sí; es para darle gracias por la poca pena que me procura daros los doscientos mil francos.

HORTENSIA.– Y yo, sin cumplidos, os agradezco que los perdáis tan a gusto.

EL CABALLERO.– Pues todos contentos. Dejadme abrazaros, marqués. *(A la condesa.)* Condesa, este era el desenlace que esperábamos.

LA CONDESA.– Pues bien, ya no esperaréis más.

LISETA.– *(a Espino.)* ¡Bribón! En efecto, creo que tendré que casarme contigo.

ESPINO.– Es lo que me había propuesto.

FIN

La prueba

de

PIERRE CARLET DE CHAMBLAIN DE

MARIVAUX

Comedia en un acto representada por primera vez por
los *Comédiens-Italiens*
el 19 de noviembre de 1740

Traducción de Lydia Vázquez

PERSONAJES

SEÑORA ARGANTA

ANGÉLICA, su hija

LISETA, criada

LUCIDOR, amante de Angélica

FRONTÍN, criado de Lucidor

MAESE BLAS, joven granjero del pueblo

La escena transcurre en el campo, en una tierra propiedad, desde hace poco tiempo, de Lucidor.

ESCENA PRIMERA

LUCIDOR, FRONTÍN *con botas y ropa de amo.*

LUCIDOR.– Entremos en esta sala. ¿Así que acabas de llegar?

FRONTÍN.– Acabo de poner un pie en la primera posada del pueblo: he preguntado por el camino al castillo, según me ordenabais en vuestra carta, y aquí me tenéis con el atuendo que me habéis prescrito. ¿Qué me decís de esta figura? *(Se da la vuelta.)* ¿Reconocéis a vuestro criado? ¿No parezco demasiado señor?

LUCIDOR.– Estás impecable. ¿A quién te has dirigido al entrar?

FRONTÍN.– Solo me he encontrado con un chiquillo en el patio, y luego habéis aparecido vos. Ahora, ¿qué pretendéis hacer conmigo con esta buena facha?

LUCIDOR.– Proponerte por esposo a una muchacha muy gentil.

FRONTÍN.– ¿En serio? A fe mía, señor, sostengo que sois aún más gentil que ella.

LUCIDOR.– ¡No, no! Te equivocas; es un asunto que me concierne a mí.

FRONTÍN.– En tal caso, señor, ya no sostengo nada.

LUCIDOR.– Sabes que vine aquí hace más o menos dos meses para ver las tierras que mi administrador me había comprado. En el castillo me encontré con una tal señora Arganta, que es una burguesita de esta comarca. El caso es que la buena señora tiene una hija que me ha encandilado; y quiero proponerte como pretendiente suyo.

FRONTÍN.– *(riéndose.)* ¿De la muchacha que amáis? ¡Qué confidencia tan osada! Entonces, ¿seremos un trío? Abordáis este asunto como si se tratara de una partida de dados.

LUCIDOR.– Haz el favor de escucharme; mi intención es desposarla.

FRONTÍN.– Os he entendido. Sera después de que yo me case con ella.

LUCIDOR.– ¿Vas a dejarme hablar? Te presentaré como un hombre rico, amigo mío, por ver si me ama lo suficiente como para rechazarte.

FRONTÍN.– ¡Ah! ¡Eso es otra cosa! Dicho lo cual, hay algo que me preocupa.

LUCIDOR.– ¿Qué?

FRONTÍN.– Es que, al venir hacia acá, me he tropezado cerca de la posada con una moza que no me ha visto, creo, que charlaba en el quicio de una puerta, pero que me ha parecido ser una tal Liseta que conocí en París hace cuatro o cinco años, y que estaba al servicio de una señora a quien mi amo de entonces visitaba a menudo. No la vi más que dos o tres veces, a la Liseta en cuestión, pero como era lozana, la cortejaba cada vez que me la cruzaba; y esas cosas, a las zagalas, se les quedan grabadas en la memoria.

LUCIDOR.– Pues lo cierto es que en casa de la señora Arganta hay una criada con ese nombre, que es
del pueblo, donde tiene además a toda su familia,
y que, efectivamente, pasó una temporada en
París con una señora de la región.

FRONTÍN.– A fe mía, señor, que la muy descarada
me reconocerá: hay figuras de hombres que no se
olvidan.

LUCIDOR.– Que yo sepa, el mejor remedio es ser
más descarado que ella y convencerla de que se
equivoca.

FRONTÍN.– ¡Oh! A descarado no me gana nadie.

LUCIDOR.– ¿Acaso no hay hombres que se parecen
tanto que se diría que son gemelos?

FRONTÍN.– ¡Ea!, me pareceré, ya está dicho; pero,
señor, decidme, ¿me permitiríais una pequeña re-
flexión?

LUCIDOR.– Habla.

FRONTÍN.– A pesar de estar en la flor de la edad,
sois prudente y razonable; no obstante, me parece
que vuestro proyecto es, cuando menos, juvenil
en exceso.

LUCIDOR.– *(enfadado.)* ¿Eh?

FRONTÍN.– Me explicaré. Sois el hijo de un rico ne-
gociante que os ha dejado más de cien mil libras
de renta, y podéis pretender a los partidos más
ventajosos. La carita de la que me habláis, ¿vale
tanto como para perteneceros en legítimo matri-

monio? Rico como sois, podéis conseguirla a mejor precio, me parece.

LUCIDOR.– ¡Calla! No la conoces y por eso hablas así. Es verdad que Angélica no es más que una simple burguesa de provincias; pero como persona vale tanto como yo, y me dan igual las grandes alianzas. Además, ¡es tan guapa!, y, tras su candor, se adivinan su virtud y su honradez; tiene un carácter tan distinguido que, si me ama, como así me lo parece, seré suyo para siempre.

FRONTÍN.– ¿Cómo que si os ama? ¿Acaso no lo sabéis a ciencia cierta?

LUCIDOR.– No; todavía no hemos pronunciado la palabra amor entre nosotros; yo no le he dicho que la amo, pero mis gestos se lo indican sin parar; y los suyos se han traducido siempre en expresiones de la mayor y más ingenua ternura. Caí enfermo tres días después de llegar aquí... pues vi cómo se le saltaban las lágrimas sin que se diera cuenta su madre. Y después de reponerme, seguimos igual; yo la amo sin decírselo; ella me ama sin mentarlo, aunque sin hacer un secreto de ello; su corazón sencillo, honesto y sincero no es consciente.

FRONTÍN.– Pero vos, que sí lo sois, ¿por qué no le declaráis vuestro amor? Eso ayudaría.

LUCIDOR.– No ha llegado el momento; aunque estoy seguro de sus sentimientos, quiero saber a qué se lo debo, si ama al hombre rico o mi persona: es lo que quiero aclarar poniéndola a prueba. La relación que existe entre ambos aún puede tildarse de amistad; y voy a sacar provecho de ello.

FRONTÍN.– Me parece de perlas; pero no deberíais utilizarme a mí para semejante faena.

LUCIDOR.– ¿Por qué?

FRONTÍN.– ¡Oh! ¿Por qué? Poneos en el lugar de una moza, abrid los ojos y veréis a qué me refiero. Os apuesto cien contra uno a que le gustaré.

LUCIDOR.– ¡Serás tonto! ¡Pues bien! Si le gustas, lo arreglaré de inmediato dando a conocer tu identidad. ¿Has traído las joyas?

FRONTÍN.– *(buscando en sus bolsillos.)* Tened, aquí están todas.

LUCIDOR.– Puesto que nadie te ha visto entrar, retírate antes de que llegue la persona que veo en el jardín. Ve a prepararte y no aparezcas hasta dentro de una o dos horas.

FRONTÍN.– Si las cosas salen mal, acordaos de que os lo auguré.

ESCENA II

LUCIDOR, MAESE BLAS,
que se acerca despacio, vestido de rico granjero

LUCIDOR.– Viene hacia aquí; parece que tiene algo que decirme.

MAESE BLAS.– Permitidme que sus salude, siñor Lucidor. ¡Y bien! ¿Qué tal? ¿Cómo andáis? Tenéis buena cara.

LUCIDOR.– Sí, me encuentro bastante bien, maese Blas.

MAESE BLAS.– ¡Pardiez! Pero, ¡qué bien sus ha sentau la enfermedá, leñe! ¡Miraos! ¡Rediez, si tenís mejor color! ¡Si us ve más colorao!... Me alegro de veros asín, tan reluciente, ¡recórcholis!

LUCIDOR.– Os estoy muy agradecido.

MAESE BLAS.– Es que no sabís lo que me gusta que las gentes de bien como vos gocen de buena salú; la salú es lo más importante, sobre todo la vuestra, que es la más valiosa de todas.

LUCIDOR.– Tenéis razón de preocuparos por ella, porque me gustaría seros útil en algo.

MAESE BLAS.– Pos no podís caer mejor, porque venía justamente a rogaros que tuvierais a bien gratificarme con una utilidá de las vuestras.

LUCIDOR.– Veamos de qué se trata.

MAESE BLAS.– Bien sabís, siñor, que frecuento la casa de la señá Arganta; y que su hija Angélica es muy, muy gentil.

LUCIDOR.– Muy cierto.

MAESE BLAS.– *(riéndose.)* ¡Je, je, je! Pos, si sus parece bien, mi gustaría tener a su gentileza por esposa.

LUCIDOR.– ¿Queréis decir que estáis enamorado de Angélica?

MAESE BLAS.– ¡Ay! Esa criatura me vuelve tarumba; tengo toa la cabeza perdía: de día, pienso en ella; de noche, sueño con ella. ¡Pardiez, tengo que poner remedio! Y vengo a veros por eso, gracias a vos, a la honra y al respeto que aquí se us tiene, y si vuesa mercé tié a bien interceder, si no es mucha inoportunidá... podría yo... podríais favorecerme diciendo unas palabritas en mi favor a la madre, pa que ella pos... ya sabís, tenga a bien...

LUCIDOR.– Entiendo; deseáis que hable con la señora Arganta para que se comprometa a entregaros a su hija. Y Angélica, ¿os ama?

MAESE BLAS.– ¡Oh! ¡Rediez! Cuando la cortejo, se echa a reír de buena gana y me deja plantao. Es buena siñal, ¿no?

LUCIDOR.– Ni buena ni mala. Además, como creo que la señora Arganta no es muy adinerada, y vos sois granjero, hijo de granjero, y además propietario de muchas tierras...

MAESE BLAS.– ¡Y joven, leñe! Tengo treinta años na más, y muy alegre, siempre estoy de buen humor.

LUCIDOR.– El partido podría convenirle si no fuera por una dificultad.

MAESE BLAS.– ¿Cuála, si pué saberse?

LUCIDOR.– Es que a cambio de los cuidados que la señora Arganta y toda su gente han tenido para conmigo durante mi enfermedad, se me ha ocurrido casar a Angélica con una persona muy rica, que está a punto de llegar, que quiere justamente desposarse con alguien de provincias, de familia honrada, y a quien le da igual que tenga bienes o no.

MAESE BLAS.– ¡Ridiós! Siñor Lucidor, me jugáis una mala pasada con esa ocurrencia vuestra; una jugada mu fea, mu penosa y mu traicionera. ¡Mecachis en diez! Ser bueno, pos adelante, me paice bien, pero sin fastidiar a nadie; soy vuestro prójimo como otro cualquiera, y no hay que lastrar a este para quitarle un peso a aquel. ¡Y pensar que mi daba miedo que os murierais! Y venga a preguntar veinte veces que si está bien que si no está bien. Pos vaya una salud que me hace perder la mía. Y yo trayéndoos al que os hizo dos sangrías, y que es primo mío, que lo sepáis ¿eh? ¡Na menos que mi primo hermano! ¡Pardiez! No está bien esto que habís hecho.

LUCIDOR.– Que seáis pariente no añade nada a lo que os debo.

MAESE BLAS.– Sin contar que me sustraís na menos que cinco mil libras que la mozuela tendrá como dote pa su casamiento.

LUCIDOR.– Calmaos. ¿Eso era lo que esperabais obtener? ¡Pues bien! Os doy doce por casaros con otra y como compensación por la pena que os he causado.

MAESE BLAS.– *(sorprendido.)* ¡Cómo! ¿Doce mil libras contantes y sonantes?

LUCIDOR.– Sí, os las prometo, sin por ello privaros de la libertad de presentaros como pretendiente de Angélica; al contrario, exijo, incluso, que pidáis su mano a la señora Arganta; lo exijo, ¿me oís? Porque si sois del agrado de Angélica me disgustaría privarla de un hombre del que estuviera enamorada.

MAESE BLAS.– *(frotándose los ojos de sorpresa.)* Pero, ¡bueno! ¡Paice que mi hablara un príncipe! ¡Doce mil libras! Me quedo boquiabierto. No doy crédito. ¡Ea, siñor! Quedaos ahí, que me prosterne ante vos, ni más ni menos que ante un podrigio.

LUCIDOR.– No será necesario; nada de halagos, cumpliré con mi palabra.

MAESE BLAS.– ¡Después de lo mal que mi hi comportau yo! ¡Como un pedazo de bruto! Y, decidme, ya que sois todo un rey, si, por casualidá, Angélica estuviera enamorada de mí, ¿mi quedaría con la mujer y con los doce mil francos?

LUCIDOR.– No exactamente; escuchadme bien: os digo que pretendo que pidáis la mano de Angélica, independientemente del marido que le propondré. Si os acepta, no obstaculizaré vuestro amor, pero no os daré nada; si os rechaza, los doce mil francos serán vuestros.

MAESE BLAS.– Mi rechazará, siñor, mi rechazará; el cielo asín lo decidirá, puesto que vos así lo deseáis.

LUCIDOR.– ¡Ojo! Ya veo que debido a los doce mil francos estáis deseando que os rechace.

MAESE BLAS.– ¡Ay! Pué que sea verdá, la cantidad mi marea un poco; la tentación es grande, lo confieso: ¡es tan consoladora!

LUCIDOR.– No obstante, pongo una condición más a nuestro acuerdo, y es que os mostréis empeñado en conseguir la mano de Angélica, y que continuéis pareciendo enamorado de ella.

MAESE BLAS.– Sí, siñor, sus guardaré fidelidá, pero albergo la esperanza de no ser digno de ella; es más, tengo la opinión de que, si la señorita si atreviera, ella sus amaría más que a naide.

LUCIDOR.– ¿A mí? Maese Blas, me sorprendéis; no he notado nada, os confundís. En todo caso, si ella no os acepta, acordaos de hacerle este reproche. Me gustaría saber qué dirá, solo por pura curiosidad.

MAESE BLAS.– Pos no dejaré de hacello; se lo reprocharé delante de vos mesmo, en cuanto el siñor me lo pida.

LUCIDOR.– Y como os creo buen partido, me haréis el favor de cortejar a Liseta; no os arrepentiréis de haberla escogido, aparte de haceros con los doce mil francos; hacedme caso.

MAESE BLAS.– ¡Ay! Si no queda más remedio, la cortejaré; la amaré por mortificación.

LUCIDOR.– Es cierto que está al servicio de la señora Arganta; pero no es de menor condición que las demás muchachas de la aldea.

MAESE BLAS.– Pues sí, ¡nativa de aquí sí es la zagala!

LUCIDOR.– Joven y buena moza.

MAESE BLAS.– Encantadora. El siñor va a ver qué apetito m'entra ya solo de pensar en ella.

LUCIDOR.– Pero os ordeno una cosa, que solo le digáis que la amáis después de que Angélica se explique con vos; Liseta no debe adivinar vuestro proyecto antes.

MAESE BLAS.– Dejad hacer a Blas; cuando li hable, li diré unas palabras que la probe no entenderá na de na. Por aquí llega. ¿Querís que mi vaya?

LUCIDOR.– Nada os impide quedaros.

ESCENA III

LUCIDOR, MAESE BLAS, LISETA

LISETA.– Acabo de enterarme, señor, por el hijo pequeño de nuestro viñador, que os ha llegado una visita de París.

LUCIDOR.– Sí; es uno de mis amigos que ha venido a verme.

LISETA.– ¿En qué apartamento del castillo queréis que lo instale?

LUCIDOR.– Ya veremos cuando vuelva de la posada donde ha ido a descansar. ¿Dónde está Angélica, Liseta?

LISETA.– Creo haberla visto en el jardín, entretenida cogiendo flores.

LUCIDOR.– *(señalando a Maese Blas.)* Aquí tenéis a un buen hombre para ella, que desea desposarla; justamente estaba preguntándole si creía que ella sentía cierta inclinación por él. ¿Qué opináis vos?

MAESE BLAS.– Sí; ¿qué opinas de eso, salada, morena mía?

LISETA.– ¡Qué pregunta! Por lo que he podido ver, opino que hasta ahora su corazón no siente nada por vos.

MAESE BLAS.– ¿Na de na? Eso mi paicía a mí. ¡Qué mollera tié la siñorita Liseta! ¡Qué bien mi discurre!

LISETA.– Mi respuesta no es muy halagadora; pero no podría dar otra.

MAESE BLAS.– *(caballeroso.)* Pos esta es bonita y buena, y mi acomodo a ella. Mi gusta la franqueza; y, pa ser sincero, es verdá, ¿qué merito tié aquí un servidor pa gustar a isa criatura?

LISETA.– No es que no lo valgáis, maese Blas, pero me temo que la señora Arganta no os encuentra con bastante bien para su hija.

MAESE BLAS.– *(riéndose.)* Eso es mu cierto, no soy hombre con bastante bien. Cuanto más dices, mijor lo dices.

LISETA.– No seréis hombre con bastante bien pero os lo tomáis tan bien que me hacéis reír.

LUCIDOR.– Es porque no espera gran cosa.

MAESE BLAS.– Sí, así es; y también es verdá que tó lo que viene, bien mi paice, y mi lo quedo pa mí. *(A Liseta.)* ¡Pero qué maja que eres, ridiós!

LISETA.– Ha perdido la cabeza, o hay algo que no entiendo.

MAESE BLAS.– Pos que quede claro que mí atormenta la idea de agenciarme la mano de Angélica, y sucederá que la obtendré o que no la obtendré. Las dos cosas puen pasar, y las dos hay que pensar pa adivinar la buena.

LISETA.– *(riéndose.)* ¡Vaya adivino estáis hecho!

LUCIDOR.– Sea como sea, yo también tengo un partido que ofrecerle, y se trata de un buen partido: es un hombre de mundo, y por eso quiero averiguar si está enamorada de alguien.

LISETA.– Si sois vos quien le proponéis el partido, estoy segura de que lo aceptará.

LUCIDOR.– Adiós, Liseta; voy a dar una vuelta por la alameda. Cuando llegue Angélica, te ruego que me avises. Y queda tranquila, puedes estar segura de que no volveré a París sin antes recompensar tu celo para conmigo.

LISETA.– Os agradezco vuestra bondad, señor.

LUCIDOR.– *(a Blas, al irse, y aparte.)* Sed prudente al dirigiros a Liseta, maese Blas.

MAESE BLAS.– Iso hago, por iso dejo a un lao el sintido común.

ESCENA IV

MAESE BLAS, LISETA

LISETA.– Ese señor Lucidor tiene un gran corazón.

MAESE BLAS.– ¡Oh! un corazón magnífico, un corazón de oro. Pero dime, Liseta, ¿cómo te encuentras?

LISETA.– *(riéndose.)* Pero, ¡cómo! ¿Más cumplidos, maese Blas? Lleváis un buen rato dirigiéndoos a mí de manera bien extraña.

MAESE BLAS.– Pos sí, di manera atolondrá, y ti sorprende, ¿a que sí? Ya mi lo imagino. *(Y tras pensar un rato.)* Pero, ¡qué zagala más salada que eres!

LISETA.– Y vos, ¡qué original, tanto llamarme salada! ¡Y cómo me mira! En verdad os digo que estáis perdiendo la cabeza.

MAESE BLAS.– Na d'eso; ti contemplo con prudencia.

LISETA.– ¡Ea! Pues contemplad, mirad bien. ¿Acaso tengo la cara distinta de la de ayer?

MAESE BLAS.– No; soy yo quien la veo mijor que de costumbre; me paice como nueva.

LISETA.– *(queriendo marcharse.)* ¡Ea! Que el cielo os bendiga.

MAESE BLAS.– *(deteniéndola.)* Espera un poco.

LISETA.– ¡Ay! ¿Qué queréis de mí? Cuando os oigo, me da la impresión de que os burláis de mí. Se diría que me estáis tomando el pelo. Bien sé que sois un granjero con fortuna y que yo no soy partido para vos. ¿Qué pretendéis, pues?

MAESE BLAS.– Que me escuches sin entender ni gota y que digas pa tus adentros: "¡Pos sí, tié que haber un secreto en to esto!"

LISETA.– ¿Y qué secreto es ese? Sigo sin entender ni palabra de lo que me decís.

MAESE BLAS.– No puedo dicirte na, es adrede, ya está to decidido.

LISETA.– Esto es bien singular. ¿No ibais tras Angélica?

MAESE BLAS.– Iso también está to concluido.

LISETA.– Cuantas más vueltas le doy, más me pierdo.

MAESE BLAS.– Asín ha de ser, tú piérdete.

LISETA.– Pero, ¿por qué encontrarme tan salada? ¿Por qué circunstancia os habéis dado cuenta ahora y no antes? Hasta ahora os daba igual que lo fuera o no. ¿Acaso os habéis enamorado de mí de repente? No seré yo quien os lo impida.

MAESE BLAS.– *(rápida y contundentemente.)* No hi dicho que ti ame.

LISETA.– *(riendo.)* Entonces, ¿qué decís?

MAESE BLAS.– No ti digo que no ti amo; ni lo uno ni lo otro; podéis dar fe vos misma. Hi dao mi palabra, voy al grano, ¿m'entiendes? Y no ti rías, porque no hi dicho na de na; pero pensar sí pienso, ¡y repito que eres una salada!

LISETA.– *(sorprendida, mirándolo.)* Ahora soy yo la que os mira. Si no creyera que estáis un poco chiflado, en verdad sospecharía que no me odiáis.

MAESE BLAS.– ¡Oh! Suspecha, cree, convéncete; no habrá na malo en ello, con tal de que no sea culpa mía, y que venga de ti sola, sin que yo ti haya ayudao.

LISETA.– ¿Qué significa todo esto?

MAESE BLAS.– Y mismamente ti permito hasta que me ames, por ejemplo; ti lo consiento. Si el corazón ti lo pide, por mí no ti retengas; ti doy rienda suelta; lo daré por bien empleao.

LISETA.– ¡Menudo cumplido! Y, ¿qué sacaría yo con eso?

MAESE BLAS.– ¡Oh, ridiós! Tengo la boca sellada; pero no es como tú; es que no puedo hablar más claro. Por ahí llega Angélica. Déjame que li diga dos palabras tiernas, pero eso no quita pa que tú seas una salada.

LISETA.– A fe mía, maese Blas, sigo cada vez más convencida de que tenéis la cabeza perdida.

ESCENA V

ANGÉLICA, LISETA, MAESE BLAS

ANGÉLICA.– *(con un ramo en la mano.)* Buenos días tengáis, maese Blas. ¿Es verdad, Liseta, que ha venido alguien de París preguntando por el señor Lucidor?

LISETA.– Sí, eso me han dicho.

ANGÉLICA.– ¿Dicen que ha venido para llevárselo a París?

LISETA.– Eso es lo que no sé; el señor Lucidor no me ha dicho nada al respecto.

MAESE BLAS.– Paice que no. Según lo que mi ha dicho, quié casaros en la opulencia.

ANGÉLICA.– ¡Casarme, maese Blas! ¿Y con quién, si puede saberse?

MAESE BLAS.– Pos el caso es que la persona entoavía no tié nombre.

LISETA.– El señor Lucidor habla de un gran enlace; se trata de un hombre de mundo, pero no dice quién es ni de dónde viene.

ANGÉLICA.– *(aparentemente contenta, y discreta.)* ¿De un hombre de mundo al que no nombra?

LISETA.– Así es.

ANGÉLICA.– ¡Bueno! Eso no me preocupa; tarde o temprano lo conoceremos.

MAESE BLAS.– Pos yo no soy, ¿eh?

ANGÉLICA.– ¡Oh! ¡No me digáis! ¡Solo faltaría! ¡Vos no soy más que un aldeano!

MAESE BLAS.– Pos con eso y con to, tengo mis pretensiones, no sus creáis, pero yo no mi escondo, dije mi nombre, mi presenté y sus declaré que estoy enamorao de vos. Ya lo sabís. *(Liseta se encoge de hombros.)*

ANGÉLICA.– Se me había olvidado.

MAESE BLAS.– Aquí me tenís pa recordároslo. ¿Qué mi decís, señorita Angélica? *(Liseta pone mala cara.)*

ANGÉLICA.– ¡Ay! Poca cosa.

MAESE BLAS.– ¡Poca cosa! Pos menos es na. Pero, ¡ojo! Que voy a acabar creyendo que sus gusto.

ANGÉLICA.– No os lo aconsejo, maese Blas, porque va a ser que no.

MAESE BLAS.– ¡Ah! Bueno, vale; entendido. Pos es un trastorno pa mí, ¿sabís? Mi apena; pero da igual, no sus preocupéis; esta tarde volveré pa que mi digáis si deseáis que li hable a la señá Arganta o si preferís que cierre el pico. Rumiadlo por vuestra cuenta y haced como sus plazca. Adiós. *(A Liseta, aparte.)* Pero, ¡qué salada eres, ridiós!

LISETA.– *(enfadada.)* ¡Cabeza hueca!

ESCENA VI
LISETA, ANGÉLICA

ANGÉLICA.– Por suerte su amor no me da ningún miedo. Aunque me pida en matrimonio a mi madre, no tiene ninguna oportunidad.

LISETA.– ¡Ese! Es un liante que no conviene a una joven como vos.

ANGÉLICA.– No le hago ningún caso. Pero, dime, Liseta, ¿es cierto que el señor Lucidor habla en serio de un marido para mí?

LISETA.– Sí, pero de un marido distinguido y con bienes considerables.

ANGÉLICA.– Muy considerables, si es lo que me imagino.

LISETA.– ¿Y qué os imagináis?

ANGÉLICA.– ¡Oh! ¡Me sonrojaría si me equivocara!

LISETA.– ¿No será que os imagináis que el hombre en cuestión es él mismo, pues es un gran señor por sus riquezas?

ANGÉLICA.– ¡Cómo! ¡Él! Ni siquiera yo sé lo que digo. Se pone una a soñar, a vagabundear con el pensamiento, eso es todo. Ya se verá a ese marido; no pienso casarme con él sin verlo.

LISETA.– Aunque se tratara de uno de sus amigos, seguiría siendo un gran arreglo. A propósito, me ha encomendado que le avisara de vuestra llegada, y me está esperando en la alameda.

ANGÉLICA.– ¡Ve, pues! ¿A qué estás esperando, demonios! ¡Sí que cumples bien con los encargos que se te hacen! Puede que se haya marchado ya.

LISETA.– Mirad, por ahí viene.

ESCENA VII
ANGÉLICA, LUCIDOR, LISETA

LUCIDOR.– ¿Hace tiempo que estáis aquí, Angélica?

ANGÉLICA.– No, señor; hace solo un momento que sé que deseáis hablar conmigo, y estaba reprendiendo a Liseta por no habérmelo dicho antes.

LUCIDOR.– Sí; he de tratar con vos de un asunto bastante importante.

LISETA.– ¿Es secreto? ¿Debería irme?

LUCIDOR.– No hace falta que te quedes.

ANGÉLICA.– De hecho, seguro que mi madre te necesita.

LISETA.– Siendo así, me retiro.

ESCENA VIII
LUCIDOR, ANGÉLICA

ANGÉLICA.– *(riéndose.)* ¿En qué estáis pensando, pues, que me miráis tan fijamente?

LUCIDOR.– En que cada día que pasa sois más bella.

ANGÉLICA.– No era el caso cuando estabais enfermo. A propósito, sé que os gustan las flores, y pensé en vos mientras cogía este ramito; tened, señor, tomad.

LUCIDOR.– Lo acepto solo para así poder devolvéroslo; me gustará más aún si lo veo en vuestras manos.

ANGÉLICA.– *(tomando el ramo.)* Y a mí, después de recibirlo, me gusta más que antes.

LUCIDOR.– ¡Siempre me respondéis con tanta cortesía!

ANGÉLICA.– ¡Ah! Resulta fácil con ciertas personas. Pero, ¿qué queríais decirme?

LUCIDOR.– Quería daros fe de la extrema amistad que siento por vos, a condición de que, antes de nada, me instruyáis sobre el estado de vuestro corazón.

ANGÉLICA.– ¡Ay! No tardaré mucho en explicarme. No tengo nada nuevo que comunicaros; aparte de nuestra amistad, cuyo valor para mí bien conocéis, no hay nada en mi corazón, que yo sepa; solo veo eso en su seno.

LUCIDOR.– Vuestra manera de hablar me produce tanto placer que casi olvido lo que he venido a deciros.

ANGÉLICA.– ¿Cómo hacer, entonces? Seguiréis olvidándoos a menos que me calle; no hay más secreto.

LUCIDOR.– Ese secreto no es de mi agrado; pero prosigamos. Hace más o menos siete semanas que estoy aquí.

ANGÉLICA.– ¿Tanto? ¡Qué rápido pasa el tiempo! ¿Y bien?

LUCIDOR.– Y he visto que hay bastantes jóvenes de la comarca que os cortejan. ¿Os habéis fijado en particular en alguno de ellos? Confiaos a mí como a vuestro mejor amigo.

ANGÉLICA.– No sé, señor, qué puede haceros pensar que me haya fijado en particular en alguno de ellos. ¡Jóvenes que me cortejan! ¡Ni siquiera me doy cuenta! ¡Ni los veo! Pierden el tiempo, os lo aseguro.

LUCIDOR.– Os creo, Angélica.

ANGÉLICA.– No me interesaba ninguno de ellos antes de que vinierais; y, por descontado, siguen sin interesarme desde que estáis aquí.

LUCIDOR.– ¿También os resulta indiferente maese Blas, ese joven granjero que quiere pedir vuestra mano, según me ha dicho él mismo?

ANGÉLICA.– Puede pedir de mi persona lo que le plazca; pero, en una palabra, esos hombres me desagradan, desde el primero hasta el último; y en especial él, que el otro día me reprochaba que hablábamos demasiado vos y yo, como si no fuera natural apreciar más vuestra compañía que la suya. ¡Qué tonto!

LUCIDOR.– Si no odiáis hablar conmigo, sabed, mi querida Angélica, que a mí me sucede lo mismo con vos; cuando no estoy con vos, os echo de menos, y os busco por todas partes.

ANGÉLICA.– No debéis de buscar mucho porque enseguida me encontráis; y es que casi no salgo.

LUCIDOR.– Cuando os encuentro, me pongo muy contento.

ANGÉLICA.– Y yo dejo de ponerme melancólica.

LUCIDOR.– Es cierto, veo con alegría que vuestra felicidad corresponde a la mía.

ANGÉLICA.– Sí; pero por desgracia no sois de nuestra aldea y pronto volveréis a vuestro París, que me desagrada. Si estuviera en vuestro lugar, preferiría seguir buscando aquí en vez de ir a ver allí.

LUCIDOR.– Y, ¿qué importaría que volviera a París o no, puesto que solo dependerá de vos que estemos los dos allá?

ANGÉLICA.– ¡Los dos, señor Lucidor! ¡Qué! ¡Contadme cómo!

LUCIDOR.– Porque os destino un marido que vive ahí.

ANGÉLICA.– ¿Es posible? ¡Ah! No me engañéis, el corazón me palpita solo de pensarlo; ¿reside con vos?

LUCIDOR.– Sí, Angélica; vivimos bajo el mismo techo.

ANGÉLICA.– Decidme algo más; todavía no puedo sentirme confiada. ¿Qué hombre es ese?

LUCIDOR.– Un hombre muy rico.

ANGÉLICA.– Eso no es lo más importante. ¿Y qué más?

LUCIDOR.– Es de mi edad y tiene la misma envergadura que yo.

ANGÉLICA.– Bueno; eso es lo que quería saber.

LUCIDOR.– Nuestros caracteres se parecen; piensa como yo.

ANGÉLICA.– Esto suena cada vez mejor. ¡Me gustará!

LUCIDOR.– Es un hombre tan íntegro y tan poco afectado como yo.

ANGÉLICA.– No lo querría si así no fuera.

LUCIDOR.– Que carece de ambición y de gloria, que no exigirá de aquella con quien se case sino su corazón.

ANGÉLICA.– *(riéndose.)* Lo tendrá, señor Lucidor; lo tendrá; ya lo tiene; lo amo tanto como a vos, ni más ni menos.

LUCIDOR.– Vos tendréis el suyo, Angélica, os lo aseguro; lo conozco bien; os lo afirmo como si fuera él mismo quien os lo dijera.

ANGÉLICA.– ¡Ay! Os creo, y yo os respondo como si él mismo estuviera aquí presente.

LUCIDOR.– ¡Ah! ¡Tiene un humor que doy por seguro que lo haréis dichoso!

ANGÉLICA.– ¡Ah! Y yo os prometo que no será el único dichoso.

LUCIDOR.– Adiós, mi querida Angélica; voy corriendo a hablar con vuestra madre para obtener su consentimiento. El placer que me procura este enlace no me deja diferirlo por más tiempo; pero antes de marcharme, permitidme que os ofrezca este pequeño presente por vuestros esponsales, pues tengo el derecho que me otorga mi amistad con vos; son unas joyas que he mandado traer de París.

ANGÉLICA.– Y yo las acepto porque volverán a París, de donde vienen, ya que vos y yo estaremos allí, juntos; pero no eran necesarias joyas; vuestra amistad es el verdadero regalo para mí.

LUCIDOR.– Adiós, bella Angélica; vuestro marido no tardará en aparecer.

ANGÉLICA.– Corred, pues, para que se presente cuanto antes.

ESCENA IX

ANGÉLICA, LISETA

LISETA.– ¿Y bien, señorita Angélica, ya estáis instruida? ¿Con quién se os casa?

ANGÉLICA.– Con él, mi querida Liseta, estoy esperando a que se presente.

LISETA.– ¿Con él, decís? Y, ¿quién es pues ese hombre llamado *él*? ¿Anda por aquí?

ANGÉLICA.– ¡Oh! Has tenido que encontrártelo; se dirigía a hablar con mi madre.

LISETA.– Solo he visto al señor Lucidor, y no es con él con quien os casáis.

ANGÉLICA.– ¡Que sí! Te lo he repetido ya veinte veces. Si supieras cómo nos hemos hablado, lo bien que nos hemos entendido sin que haya dicho: "¡Soy yo!", pero, ¡era tan claro, tan claro, tan agradable, tan tierno!

LISETA.– Nunca me lo habría imaginado. Pero por ahí vuelve.

ESCENA X

LUCIDOR, FRONTÍN, LISETA, ANGÉLICA

LUCIDOR.– Vuelvo, bella Angélica; de camino a casa de vuestra madre, me he topado con este señor que se dirigía hacia aquí, y me ha parecido urgente presentároslo; es él, el marido por quien os habéis sentido predispuesta tan favorablemente y que, por la similitud de nuestros caracteres, es, en efecto, mi otro yo. También ha venido a traerme el retrato de una joven y bonita persona con quien quieren casarme en París. *(Se lo enseña.)* Echadle un vistazo: ¿qué os parece?

ANGÉLICA.– *(desfallecida, lo aparta.)* No sabría apreciarlo.

LUCIDOR.– Adiós, os dejo juntos, y corro a casa de la señora Arganta. *(Se acerca a ella.)* ¿Estáis contenta?

(Angélica, sin contestarle, saca la cajita de las joyas y se la tiende sin mirarlo; se la pone en la mano; él se detiene, como sorprendido, pero no se la devuelve; y sale.)

ESCENA XI

ANGÉLICA, FRONTÍN, LISETA

(Angélica permanece inmóvil; Liseta da vueltas alrededor de Frontín, asombrada, y Frontín parece azorado.)

FRONTÍN.– Señorita, la sorprendente inmovilidad en que os veo intimida sumamente mi inclinación naciente; me desanimáis en extremo, y siento que me faltan las palabras.

LISETA.– La señorita está inmóvil, vos mudo, y yo estupefacta; abro los ojos, miro, y no entiendo nada.

ANGÉLICA.– *(tristemente.)* Liseta, ¡quién lo habría creído!

LISETA.– Yo lo veo y no lo creo.

FRONTÍN.– Si la encantadora Angélica se dignara a dirigirme una simple mirada, creo que no le daría miedo, y quizá cambiara de opinión: es fácil acostumbrarse a verme; lo sé por experiencia; probad.

ANGÉLICA.– *(sin mirarlo.)* No podría; otra vez será. Liseta, haced compañía al señor. Pido perdón, no me encuentro bien; me dan sofocos, voy a retirarme a mis aposentos.

ESCENA XII

LISETA, FRONTÍN

FRONTÍN.– *(aparte.)* Mi mérito no ha causado efecto.

LISETA.– *(aparte.)* Es Frontín, no me cabe duda.

FRONTÍN.– *(las primeras palabras aparte.)* Esto es lo más difícil de mi faena aquí. Niña mía, ¿qué debo conjeturar de una acogida tan lánguida? *(Ella no contesta y lo mira. Él prosigue.)* ¿Y bien? Responde. ¿Vas a decirme también que otra vez será?

LISETA.– Señor, ¿no te he visto ya en algún lado?

FRONTÍN.– ¡Cómo! ¿No te he visto ya en algún lado? El trato en esta aldea es bien familiar.

LISETA.– *(aparte.)* ¿Me estaré equivocando?... *(En voz alta.)* Señor, perdonadme; pero, ¿no habéis estado nunca en París en casa de una tal señora Dorman, a quien servía yo?

FRONTÍN.– ¿Quién es esa señora Dorman? ¿En qué barrio?

LISETA.– En la plaza Maubert, encima de un comercio de café, en el segundo.

FRONTÍN.– ¡Una plaza Maubert, una señora Dorman, un segundo! No, niña mía, no conozco nada de eso, y siempre me tomo el café en mi casa.

LISETA.– Ya no digo nada más, pues, pero os confieso que os he tomado por Frontín, y que tengo que hacer un esfuerzo enorme para imaginarme que no se trata de él.

FRONTÍN.– ¡Frontín! ¡Pero si es un nombre de criado!

LISETA.– Sí, señor; y me ha parecido que eras tú... digo, que erais vos.

FRONTÍN.– ¡Qué! ¡Y dale con el tuteo! ¡Me estás cansando!

LISETA.– Me he equivocado; pero, ¡es que eres como él, clavado!... ¡Ay! Señor, perdón, vuelvo a las andadas. ¿Qué? ¿De verdad que no eres tú?... Digo, ¿que no sois vos?

FRONTÍN.– *(riéndose.)* Creo que lo más fácil es tomármelo a risa. Ea, niña mía, un hombre menos razonable y de menor alcurnia se enfadaría; pero yo estoy muy por encima de tu desprecio y me divertiría más aún si no fuera por lo desagradable que me resulta pensar que tengo una fisionomía común con la de ese granuja: La naturaleza podía haber evitado otorgarle el doble de la mía, con ello me ha hecho una afrenta; pero no es culpa tuya; hablemos de tu señora.

LISETA.– ¡Oh! Señor, no lo sintáis; la persona por quien os he tomado es un muchacho adorable, divertido, ingenioso y apuesto.

FRONTÍN.– Ahora lo entiendo, es mi copia perfecta.

LISETA.– Tan perfecta que no doy crédito… ¿No serás tan pillo como para…? Señor, he vuelto a meter la pata, es que el parecido me puede.

FRONTÍN.– No pasa nada, empiezo a acostumbrarme: no me hablas a mí.

LISETA.– No, señor; le hablo a vuestra copia, y querría decirle que sería un truhan si pretendiera engañarme, porque querría de todo corazón que vos fuerais él; creo que me amaba y lo echo de menos.

FRONTÍN.– Tienes razón, el muchacho merecía la pena. *(Aparte.)* ¡Qué halagador me resulta!

LISETA.– Esto sí que es particular: cada vez que habláis, me parece estar oyéndolo.

FRONTÍN.– En verdad, no hay nada sorprendente en ello; cuando dos personas se parecen tienen el mismo tono de voz y en general las mismas inclinaciones. Según dices, te amaba; y yo haría lo mismo ahora, sino fuera por la extrema distancia que nos separa.

LISETA.– ¡Ay! ¡Lo contenta que me había puesto yo pensado que, después de perderlo, lo había encontrado!

FRONTÍN.– *(aparte la primera frase.)* ¡Oh!... Tanto amor se verá recompensado, niña mía, te lo predigo. Bueno, no lo pierdes todo, puesto que me intereso por ti; te ayudaré. No te cases sin consultarme antes.

LISETA.– Sé guardar un secreto. Decidme, señor, si eres tú...

FRONTÍN.– *(marchándose.)* Vamos, vamos, no abuses de mi bondad; ha llegado la hora de retirarme. *(Aparte.)* ¡Uf, qué asalto más rudo!

ESCENA XIII

LISETA, *un momento sola,* MAESE BLAS

LISETA.– Lo he intentado todo, así que creo que, a fin de cuentas, no se trata de él; pero la verdad es que nunca se ha visto caso semejante. De cualquier modo, aunque fuera él, maese Blas es otro partido posible, si me ama.

MAESE BLAS.– ¿Y bien, zagala? ¿En qué términos estoy con Angélica?

LISETA.– En los mismos que hace un rato.

MAESE BLAS.– *(riéndose.)* ¡Oh! Pos pior pa mí, muchachita mía.

LISETA.– ¿No vais a explicarme qué puede significar ese peor para mí que decís muerto de risa?

MAESE BLAS.– Es que yo me río de todo, pollita mía.

LISETA.– En todo caso, tengo una opinión que daros, y es que Angélica no parece dispuesta a aceptar el marido que le destina el señor Lucidor, y que se halla aquí; y que, dadas las circunstancias, si seguís interesado por ella, aparentemente la obtendréis.

MAESE BLAS.– *(triste.)* ¿Iso crees? Bueno. Pos mejor pa mí.

LISETA.– ¡Oh! Me ponéis nerviosa con vuestros mejor para mí tristes, vuestros peor para mí alegres, y todo ello acompañado de muchachitas y pollitas; por favor, necesito saberlo, maese Blas, os lo preguntaré una última vez, ¿me amáis?

MAESE BLAS.– Entoavía no hay respuesta pa eso.

LISETA.– Entonces, ¿os burláis de mí?

MAESE BLAS.– ¡Qué ocurrencia!

LISETA.– ¿Seguís queriendo pedir la mano de Angélica?

MAESE BLAS.– El tejemaneje así lo requiere.

LISETA.– ¡El tejemaneje! Y si os dan calabazas, ¿os molestará?

MAESE BLAS.– *(riéndose.)* Pos claro.

LISETA.– En verdad, con esta incertidumbre en la que me tenéis sumida acerca de vuestros sentimientos, ¿qué queréis que responda a las galanterías que me decís? Poneos en mi lugar.

MAESE BLAS.– Ponte en el mío.

LISETA.– Y, ¿cuál es ese lugar, si puede saberse? Porque si vais de buena fe, si efectivamente me amáis...

MAESE BLAS.– *(riéndose.)* Sí, supongo que sí...

LISETA.– Podéis imaginar que mi corazón no será ingrato.

MAESE BLAS.– *(riéndose.)* Ja, ja, ja... Mírame bien, que vea si es verdá.

LISETA.– Y vos, ¿qué haréis?

MAESE BLAS.– Ja, ja... Pos quidarme con él. ¡Qué salada! ¡Mi da lástima dejarla apenada!

LISETA.– ¡Qué tinieblas! Aquí llegan la señora Arganta y el señor Lucidor; supongo que estarán tratando de la boda de Angélica con el amante que le ha surgido. La madre querrá que se case con él, y si ella obedece, algo a lo que seguramente se verá obligada, ya no hará falta que pidáis su mano. Así que retiraos, os lo ruego.

MAESE BLAS.– Sí; pero mi siento en la obligación de volver pa ver en qué queda to, pa saber cómo comportarme en adelante.

LISETA.– *(enfadada.)* ¡Oh, vos! ¡Seguís erre que erre! ¡Vuestro enigma es de una impertinencia que me indigna!

MAESE BLAS.– *(riéndose y marchándose.)* Pos que sepas que lo que t'enfada son na menos que doce mil francos.

LISETA.– *(viendo cómo se va.)* ¡Doce mil francos! ¿De dónde saca eso que acaba de decir? Empiezo a creer que aquí hay gato encerrado.

ESCENA XIV

SEÑORA ARGANTA, LUCIDOR, FRONTÍN, LISETA

SEÑORA ARGANTA.– *(entrando, a Frontín.)* ¡Oh! señor, no os desaniméis; es imposible que Angélica no ceda, es imposible. *(A Liseta.)* Liseta, estabas presente cuando el señor se ha visto con mi hija; ¿es cierto que no lo ha recibido bien? ¿Qué ha dicho, pues? Habla; ¿tiene el señor motivos para quejarse?

LISETA.– No, señora; no he visto ninguna mala recepción; solo ha habido un asombro natural de una joven y honesta muchacha que se encuentra, por así decirlo, casada en un minuto; pero si la señora la tranquiliza y tercia, seguro que no pondrá la menor dificultad.

LUCIDOR.– Liseta tiene razón, pienso lo mismo.

SEÑORA ARGANTA.– ¡Oh! Sin duda; ¡es tan joven e inocente!

FRONTÍN.– Señora, una boda de improviso sorprende a la inocencia, pero no la aflige; y vuestra hija se ha retirado a sus aposentos a sentirse mal.

SEÑORA ARGANTA.– Ya veréis, señor, ya veréis... Ve, Liseta, dile que le ordeno que venga. Tráela aquí; ve. *(A Frontín.)* Tened la bondad de perdonarle esta primera reacción, señor, se le pasará. *(Liseta sale.)*

FRONTÍN.– Por mucho que digáis, ha sido un error exponerme a esta aventura; es ofensivo para un hombre galante, a quien todo París pone sus hijas a sus pies, y que las rechaza a todas, venir en persona a soportar el desprecio de una joven ciudadana de una aldea, a quien además solo se pide su cara bonita en matrimonio. Vuestra hija, señora, me conviene de verdad, y doy gracias a mi amigo por habérmela retenido; pero antes de llamarme había que tener su mano tan lista y dispuesta que solo tuviera que tender la mía para recibirla; sin más ceremonias.

LUCIDOR.– No podía adivinar el obstáculo que se presenta.

SEÑORA ARGANTA.– ¡Alto, señores! Un poco de paciencia; en esta ocasión, consideradla como a una niña.

ESCENA XV

LUCIDOR, FRONTÍN, ANGÉLICA, LISETA, SEÑORA ARGANTA

SEÑORA ARGANTA.– Acercaos, señorita, acercaos; ¿no sois sensible al honor que este señor os hace al venir a casaros con vos, a pesar de vuestra escasa fortuna y de vuestra mediocre alcurnia?

FRONTÍN.– Borremos esa palabra de honor; mi amor y mi galantería la desaprueban.

SEÑORA ARGANTA.– No, señor; digo las cosas como son. Responded, hija mía.

ANGÉLICA.– Madre...

SEÑORA ARGANTA.– ¡Rápido!

FRONTÍN.– Nada de tonos autoritarios, si no me calzo las botas de nuevo y me monto en mi caballo y me voy. *(A Angélica.)* Aún no me habéis mirado, hermosa muchacha; no habéis visto todavía mi persona; la rechazáis sin conocerla; vedla antes de juzgar.

ANGÉLICA.– Señor...

SEÑORA ARGANTA.– ¡Señor!... ¡Madre! Levantad la cabeza.

FRONTÍN.– Silencio, mamá; eso es un principio de respuesta.

LISETA.– Tenéis mucha suerte, señorita; habéis nacido de pie.

ANGÉLICA.– *(irritada.)* En todo caso, no he nacido con la lengua suelta.

FRONTÍN.– Eso os hace más excepcional aún. Vamos, señorita, recuperad el aliento y hablad.

SEÑORA ARGANTA.– Me trago mi ira.

LUCIDOR.– ¡Estoy mortificado!

FRONTÍN.– *(a Angélica.)* ¡Valor! Un esfuerzo más y acabad.

ANGÉLICA.– Señor, no os conozco.

FRONTÍN.– ¡Oh! ¡En un matrimonio el conocimiento va rápido! Es un país donde todo va tan deprisa…

SEÑORA ARGANTA.– ¿Cómo? ¡Sois una atolondrada, una ingrata!

FRONTÍN.– ¡Ay! ¡Ay! Señora Arganta, vuestro diálogo es de una rudeza insostenible.

SEÑORA ARGANTA.– Me voy; no podría retenerme; pero la desheredo si sigue respondiendo así de mal a los compromisos que tenemos con estos señores. Desde que el señor Lucidor llegó aquí, su estancia se ha visto marcada únicamente por bendiciones para nosotras. Para colmo de dicha, procura a mi hija un marido que nunca habría podido esperar, ni por sus bienes, ni por su rango ni por su mérito…

FRONTÍN.– No exageréis, insistid más bien en lo último.

SEÑORA ARGANTA.– *(saliendo.)* Y, ¡por mi vida!, o acepta o reniego de ella.

ESCENA XVI

LUCIDOR, FRONTÍN, ANGÉLICA, LISETA

LISETA.– En verdad, señorita, no tenéis excusa. ¿Esperáis la llegada de un príncipe?

FRONTÍN.– Sin querer ser vanidoso, pero esto supone mi aprendizaje en materia de rechazo; no conocía tal afrenta.

LUCIDOR.– Sabéis, bella Angélica, que os he consultado antes sobre este enlace; he actuado en todo momento pensando en lo mejor para vos, con exceso de celo, y vos me habéis parecido satisfecha.

ANGÉLICA.– Sí, señor, vuestro celo es admirable; es el mejor del mundo. Estoy equivocada, soy una atolondrada, pero dejadme hablar. Ahora que no está mi madre, y que me he envalentonado un poco, es justo que hable a mi vez, y empezaré por ti, Liseta: te pido que te calles, ¿me oyes? Aquí no hay nada que te incumba; cuando venga un marido a verte, haz lo que te plazca, yo no te pediré cuentas; y no te diré estúpidamente ni que has nacido de pie, ni que tienes mucha suerte, ni que esperas la llegada de un príncipe, ni todas esas ridiculeces que me has soltado sin ton ni son.

FRONTÍN.– Visto lo que le habéis espetado, me imagino lo que me toca a mí.

ANGÉLICA.– Lo vuestro lo tengo ya listo, señor. Sois hombre de bien, ¿no es así?

FRONTÍN.– Como tal destaco.

ANGÉLICA.– Entonces no querréis causar pena a una muchacha que no os ha hecho jamás ningún daño, ¿verdad? Sería algo cruel y bárbaro.

FRONTÍN.– Soy el hombre más humano del mundo; vuestras semejantes tienen mil pruebas de ello.

ANGÉLICA.– Bien hecho. Pues os diré, señor, que me sentiría mortificada si tuviera que amaros; el corazón me lo dice; esas son cosas que se sienten. No es que no seáis digno de ser amado, con tal de que no sea yo quien os ame. Os alabaré sin fin cuando lo haga para otra. Os ruego tengáis en cuenta esto que acabo de deciros, pues lo hago de corazón. No he sido yo quien ha ido a buscaros; no pensaba en vos; y, de hecho, si hubiera podido, no me habría costado más gritaros: "¡No vengáis!", que deciros: "Marchaos."

FRONTÍN.– ¿Es lo que me estáis diciendo?

ANGÉLICA.– ¡Oh! Eso es, y cuanto antes mejor. Pero, ¿qué más os da? No os faltarán buenas mozas. Cuando se es rico, se tienen todas las que se quieren, según he oído decir; sin embargo, a mí no me gusta el dinero. Preferiría darlo que tomarlo; es mi naturaleza.

FRONTÍN.– Todo lo contrario de la mía. ¿A qué hora queréis que parta?

ANGÉLICA.– Os estoy muy agradecida; cuando os plazca, no os retengo. Es tarde ya, hoy; pero mañana será un buen día.

FRONTÍN.– *(a Lucidor.)* Mi buen amigo, esto es lo que se llama un despido en toda regla, y lo acepto, salvo consejo vuestro, que seguiré en esto como en todo. Por ello, bella ingrata, difiero un poco mi último adiós.

ANGÉLICA.– ¡Qué oigo, señor! ¿No estáis decidido? ¡Pardiez! ¡Tenéis valor! *(y después de irse Frontín.)* Vuestro amigo es un desalmado; me pregunta a qué hora debe partir, y se queda.

ESCENA XVII

LUCIDOR, ANGÉLICA, LISETA

LUCIDOR.– No es tan fácil alejarse de vos, Angélica, pero os lo quitaré de en medio.

LISETA.– ¡Qué pérdida! ¡Un hombre que habría hecho rica a la señorita!

LUCIDOR.– Hay antipatías insuperables. Si Angélica se encuentra en ese caso, no me sorprende su rechazo, y renuncio al proyecto de buscarle un partido ventajoso.

ANGÉLICA.– ¡Oh! Señor, sí, dejadlo estar. Hay personas que solo nos traen mala suerte.

LUCIDOR.– ¡Traeros mala suerte, con las intenciones que tengo! ¿Qué tenéis, pues, que reprochar a mi amistad?

ANGÉLICA.– *(Aparte.)* ¡Su amistad! ¡Malvado!

LUCIDOR.– Decidme de qué os quejáis.

ANGÉLICA.– ¡Yo, señor, quejarme! ¡Oh! ¿Quién piensa en algo así? ¿Dónde están los reproches que os hago? ¿Me veis enfadada? Estoy muy contenta con vos; obráis mejor imposible. ¡Cómo! Me ofrecéis todos los maridos que quiera; incluso los hacéis venir de París sin que os lo pida: ¿se puede ser más amable, más complaciente? Es cierto que no he hecho mucho caso de vuestras bodas. Pero no debéis creer, a causa de vuestra excepcional bondad, que una tenga que sentirse obligada, a toda prisa, a entregarse al primero que se presenta, que habéis sacado de no sé dónde y que llegará con las botas puestas dispuesto a casarse con una porque se lo habéis prometido; no lo creáis. Os estoy muy agradecida, pero no soy idiota.

LUCIDOR.– Digáis lo que digáis, vuestras palabras tienen una acritud que no sé a qué atribuir, y que no merezco.

LISETA.– ¡Ay! Yo sí sé la causa, si quisiera soltar la lengua.

ANGÉLICA.– ¡Ejem! ¿Qué ciencia infusa posees tú? ¿Qué quieres decir? Escucha, Liseta, soy dulce y buena por naturaleza; un niño tiene más malicia que yo; pero si me enfadas, ¿me oyes?, te juro rencor eterno.

LUCIDOR.– Si no tenéis queja de mí, recuperad este presente que os he hecho y que me habéis devuelto sin decirme por qué.

ANGÉLICA.– ¿Por qué? Es que no es justo que esté en mi posesión. El marido y las joyas iban juntos; y al devolveros al uno os devuelvo las otras. ¿Os molesta? Guardadlas para la encantadora belleza cuyo retrato me habéis enseñado.

LUCIDOR.– Encontraré otras para ella; tomad estas vos.

ANGÉLICA.– ¡Oh! Que se las quede todas, señor; yo las tiraría.

LISETA.– Y yo las recogeré.

LUCIDOR.– Es decir que no queréis que piense en casaros y que, a pesar de lo que me decíais hace un rato, hay algún amor secreto que no me queréis confesar.

ANGÉLICA.– ¡Pues bien! Puede ser; sí, señor, estoy enamorada de un hombre de aquí, y si no fuera así, mañana mismo me enamoraría adrede solo por tener un marido según mi capricho.

ESCENA XVIII

ANGÉLICA, LUCIDOR, LISETA, MAESE BLAS

MAESE BLAS.– Mi permito pedir el permiso d'interrumpir, pa tener la declaración de vuestra última voluntá, señorita; ¿sus quedáis al final con ese enamorao nuevo?

ANGÉLICA.– No; dejadme.

MAESE BLAS.– ¿Sus quedáis conmigo pues?

ANGÉLICA.– No.

MAESE BLAS.– A la una, a los dos, ¿me querís?

ANGÉLICA.– ¡Qué hombre tan insoportable!

LISETA.– ¿Estáis sordo, maese Blas? Os está diciendo que no.

MAESE BLAS.– *(A Liseta.)* Sí, niña mía. ¡Ah! Siñor, sus pongo por testigo de que la amo y de que ella mi richaza; de que, si ella no mi aceta, la culpa es suya y no se mi debe endosar a mí. *(A Liseta, aparte.)* Hola, pollita. *(Luego a todos.)* De hecho, no mi sorprende: la señorita Angélica richaza a dos; richazaría a tres y a to un rebaño; solo quié a uno, tos los demás son picata minuta, menos el siñor Lucidor, que aquí un servidor lo adivinó desde el principio.

ANGÉLICA.– *(iracunda.)* ¡Al señor Lucidor!

MAESE BLAS.– El mismo que viste y calza. ¿Acaso no sus vi venga a llorar cuando estaba enfermo, porque sus moríais de miedo de que acabara fiambre?

LUCIDOR.– No creeré jamás eso que decís. ¡Angélica lloraba por amistad por mí!

ANGÉLICA.– ¡No creáis una palabra de lo que dice! No seríais un hombre de bien si lo creyerais.

125

¡Acusarme de estar enamorada porque lloro, porque tengo buen corazón! Pero, ¡bueno! Lloro siempre por todos los enfermos que veo, lloro por todo lo que está en peligro de muerte. Si mi pajarito se muriera ante mí, lloraría. ¿Se dirá por eso que estoy enamorada de él?

LISETA.– Dejémoslo, dejémoslo; porque, si he de hablar con franqueza, yo también pensaba lo mismo.

ANGÉLICA.– ¡Qué! ¿Tú también, Liseta? Me afliges, me destrozas. Pero, ¿qué te he hecho? ¡Cómo! ¿estaría enamorada de un hombre que no piensa en mí, que quiere casarme con todo el mundo? ¡Yo!, que no podría soportarlo si me amara, ¡yo! que siento inclinación por otro... Tendría el corazón bien bajo, bien miserable. ¡Ay! ¡Cuánto me afecta esta afrenta!

LUCIDOR.– En verdad, Angélica, no sois razonable; ¿no veis que han sido nuestras pequeñas conversaciones las que han dado lugar a esta locura que se les ha ocurrido, y que no merece que les deis la menor importancia?

ANGÉLICA.– ¡Ay! El caso es que, por discreción, señor, no os he comunicado mi manera de pensar, pero os amo tan poco que, si no me retuviera, os odiaría desde que mandasteis a buscarme ese marido a París. Sí, señor, os odiaría; de hecho, no sé si no os odio. Querría jurar que no porque sentía amistad por vos, pero ya no. ¿Se le puede llamar a esto disposición para amar?

LUCIDOR.– Siento mucho el sufrimiento en el que os veo sumida. ¿Por qué os defendéis? Puesto que amáis a otro, ¿no está ya todo dicho?

MAESE BLAS.– ¿Que tié otro pritendiente? ¡Ridiós! Li va a costar enseñalo.

ANGÉLICA.– ¿Que me va a costar? ¡Pues bien! Puesto que se me fuerza a ello, es justamente el que está hablando, este indigno.

LUCIDOR.– Me lo imaginaba.

MAESE BLAS.– ¡Yo!

LISETA.– ¡Bah! Eso no es verdad.

ANGÉLICA.– ¡Qué! ¿Acaso no sé yo por quién siento inclinación? Sí, es por él. Insisto, ¡es él!

MAESE BLAS.– Ay, señorita, no bromeemos; esto no tié ni pies ni cabeza. Juradlo, ¿es mi pirsona la que ha capturao vuestro corazón?

ANGÉLICA.– ¡Oh! Creo que ya he dicho bastante. ¡Sí, sois vos, hombre deshonesto! Y si no me creéis, me da igual.

MAESE BLAS.– Pero es que... ¡vuestra madre no consintirá jamás!

ANGÉLICA.– Es cierto, bien lo sé.

MAESE BLAS.– Y además al principio mi habís dao calabazas, y yo ya contaba con eso: me las hi arreglao de otra manera.

ANGÉLICA.– ¡Pues bien! Eso es cosa vuestra.

MAESE BLAS.– Uno no tié un corazón que va y viene como una veleta; hay que ser zagala pa iso. Uno se lo cree cuando le dan calabazas.

ANGÉLICA.– ¡Oh! ¡Será tonto! Haced como os plazca.

MAESE BLAS.– Sin contar con que no tingo fortuna.

LUCIDOR.– Eso no será un impedimento, yo lo arreglaré todo; puesto que tenéis la suerte de ser amado, maese Blas, doy veinte mil francos para este enlace. Voy a dar mi palabra a la señora Arganta y vuelvo en un momento para comunicaros su respuesta.

ANGÉLICA.– ¡Esto es una auténtica persecución!

LUCIDOR.– Adiós, Angélica; por fin tendré la satisfacción de veros casada según vuestro corazón, me cueste lo que me cueste.

ANGÉLICA.– Creo que este hombre me hará morir de pena.

ESCENA XIX

MAESE BLAS, ANGÉLICA, LISETA

LISETA.– ¡Ese señor Lucidor es todo un casamentero! ¿Qué decidís, maese Blas?

MAESE BLAS.– *(después de pensárselo.)* Pos digo que sigues siendo una moza bien lozana pero que isos veinte mil francos ti perjudican, y mucho.

LISETA.– ¡Oh! ¡Será grosero!

ANGÉLICA.– *(con aire lánguido.)* ¿Teníais los ojos puestos en ella?

MAESE BLAS.– Sí, no mi andaré con rodeos.

ANGÉLICA.– *(en el mismo tono lánguido.)* Eso quiere decir que no me amáis.

MAESE BLAS.– Sí, sí; en realidad se me había pasado un poco; pero ahora mismo os vuelvo a amar un montón.

ANGÉLICA.– *(en el mismo tono lánguido.)* ¿A causa de los veinte mil francos?

MAESE BLAS.– A causa de vos, y por amor a ellos.

ANGÉLICA.– ¿Tenéis, pues, la intención de aceptarlos?

MAESE BLAS.– ¡Ridiós! ¡Pos qué os creíais!

ANGÉLICA.– Pues yo os declaro que, si los aceptáis, no quiero saber nada más de vos.

MAESE BLAS.– ¡Mira con la que mi sale ahura!

ANGÉLICA.– Sería una cobardía aceptar el dinero de un hombre que ha querido casarme con otro, que me ha ofendido al creer que estaba enamorada de él y del que además se dice que lo amo.

LISETA.– La señorita tiene razón: apruebo todo lo que acaba de decir.

MAESE BLAS.– Pero, ¿querís ser un poco más sensata?: si no acepto los veinte mil francos, me perderís, vuestra madre no querrá saber na de mí.

ANGÉLICA.– ¡Pues bien! si no os quiere, yo tendré que dejaros.

MAESE BLAS.– *(inquieto.)* ¿Es ista vuestra última palabra?

ANGÉLICA.– No cambiaré jamás.

MAESE BLAS.– ¡Ay! Ya me veo solterón.

ESCENA XX

LUCIDOR, MAESE BLAS, ANGÉLICA, LISETA

LUCIDOR.– Vuestra madre consiente a todo, bella Angélica; tengo su palabra; y vuestra boda con maese Blas está concertada gracias a los veinte mil francos que entrego. Así que venid los dos a darle las gracias.

MAESE BLAS.– Na, no vamos. Ahora li ha entrao otra manía: pos que tié aversión por el botín de los veinte mil francos, a causa que sois vos quien los entrega; no quié saber na de mí si los acepto, y yo quiero el botín con ella.

ANGÉLICA.– *(marchándose.)* Pues yo no quiero saber nada más de nadie.

LUCIDOR.– Basta, os lo ruego, querida Angélica. Dejadnos, vosotros.

MAESE BLAS.– *(cogiendo a Liseta del brazo, a Lucidor.)* ¿Nuestro primer trato se mantiene?

LUCIDOR.– Sí, os lo garantizo.

MAESE BLAS.– ¡Que el cielo sus conserve asín de alborozao! *(A Liseta.)* Pos ti tomo por novia, mozuela.

ESCENA XXI
LUCIDOR, ANGÉLICA

LUCIDOR.– ¿Estáis llorando, Angélica?

ANGÉLICA.– Es que mi madre se enfadará; y además estoy lo bastante confusa como para llorar.

LUCIDOR.– En cuanto a vuestra madre, no os preocupéis por eso; yo la calmaré. Pero, ¿me dejaréis sufriendo por no haber podido haceros dichosa?

ANGÉLICA.– ¡Oh! No mareemos más la perdiz; no quiero saber nada de un hombre que me ha puesto la fama de que lo amaba yo sola.

LUCIDOR.– Yo no soy el autor de esas ideas que se ha hecho la gente.

ANGÉLICA.– Nadie me ha visto a mí ir pavoneándome, presumiendo de que me amabais, y eso que podría haberlo creído tanto como vos, después de todas esas amabilidades y esas galanterías que habéis tenido conmigo desde que llegasteis aquí; y sin embargo no abusé de ello. Vos no habéis obrado igual; soy víctima de mi buena fe.

LUCIDOR.– Si hubierais pensado que os amaba, si hubierais creído que sentía el amor más tierno por vos, no os habríais equivocado. *(Angélica aquí redobla su llanto.)* Y, para acabar de abriros mi corazón, os confieso que os adoro, Angélica.

ANGÉLICA.– No sé qué pensar; si me enamorase de alguien, no iría buscándole mozas para casarlo; preferiría que se muriera soltero.

LUCIDOR.– ¡Ay! Angélica, de no ser por ese odio que me habéis declarado, y que me ha parecido auténtico, me habría propuesto yo mismo. Pero, ¿por qué suspiráis?

ANGÉLICA.– Decís que os odio; ¿no tengo razón? Aunque solo fuera por ese retrato de París en vuestro bolsillo.

LUCIDOR.– Ese retrato era para disimular; es el de mi hermana.

ANGÉLICA.– ¿Cómo iba a adivinarlo?

LUCIDOR.– Tened, Angélica; os lo doy.

ANGÉLICA.– ¿Qué haré con él, si vos ya no estaréis? Un retrato no cura nada.

LUCIDOR.– ¿Y si me quedase, pidiera vuestra mano y viviéramos juntos el resto de nuestras vidas?

ANGÉLICA.– Por fin. Esto sí que es hablar bien.

LUCIDOR.– ¿Eso quiere decir que me amáis?

ANGÉLICA.– No he hecho nunca otra cosa.

LUCIDOR.– *(poniéndose de rodillas.)* Me veis arrebatado, Angélica.

ESCENA XXII

LOS PRECEDENTES, FRONTÍN, LISETA,
MAESE BLAS, SEÑORA ARGANTA

SEÑORA ARGANTA.– ¿Y bien, señor? Pero, ¿qué veo? ¿Estáis postrado a los pies de mi hija, o me lo parece?

LUCIDOR.– Sí, señora; y me caso con ella hoy mismo, si dais vuestro consentimiento.

SEÑORA ARGANTA.– *(encantada.)* Desde luego, señor, no faltaría más, es un honor para nosotras; y mi alegría será completa si el señor aquí presente *(señalando a Frontín)*, que es vuestro amigo, acepta quedarse con nosotros.

FRONTÍN.– Soy de tan buen conformar que seré yo quien os sirva de beber a la mesa. *(A Liseta.)* Reina mía, puesto que tanto amáis a Frontín, y tanto me parezco, me entran ganas de ser él.

LISETA.– ¡Ay, granuja! Ya veo; pero eres él demasiado tarde.

MAESE BLAS.– No podemos separarnos, hay doce mil francos en juego.

SEÑORA ARGANTA.– ¿Qué significa todo esto?

LUCIDOR.– Os lo explicaré más tarde. Qué venga la banda de la aldea, que la jornada acabe con un baile.

DIVERTIMENTO

VODEVIL

Celoso amante y marido,
El voto pensad cumplido
No creáis ninguna nueva;
Solo a vuestra enamorada,
Porque no se gana nada
Poniéndola a ella a prueba.

El corazón del marido,
Tenedlo por favorito.
¡Qué dicha mostrar la prueba!
Temo que Blas me diga adiós;
Sin embargo, gracias a Dios,
Sé cómo ponerlo a prueba.

Vos que vais tras una boda,
evitad sospecha toda,
Tomad por viuda a una nueva;
Si engaña entonces el amor,
Al menos lo hace con primor:
¡Qué encantadora prueba!

Que Marta no atienda razón,
Que me niegue su corazón,
Que truene, nieve o que llueva,

Que el frío hiele el vino,
No me cabe el desatino,
Yo me siento a toda prueba.

Vos que tenéis en las redes
Cada día nuevos seres,
mujer, viuda o moza nueva;
Es ella quien os la pega.
No os fieis de quien se entrega
Siempre a la primera prueba.

¡Ay! La boda es flamante
Cuando el esposo es amante
Mas hasta hoy es cosa nueva:
Pocos maridos se vieran,
Si la suerte permitiera
Poder ponerlos a prueba.

FIN

ÍNDICE

PUBLICACIONES DE LA ASOCIACIÓN
DE DIRECTORES DE ESCENA
www.adeteatro.com
Últimos títulos publicados

Serie: «Literatura dramática»

Nº 121 "LA DISPUTA"
de Pierre C. C. de Marivaux
Edición y traducción de Claudia Pena y Lydia Vázquez

Nº 122 "LUCES, LUCES, LUCES / SEPTIEMBRE"
de Evelyne de la Chenelière
Edición y traducción de Rosa de Diego

Nº 123 "ANÍBAL / MEHMED II"
de Pierre C. C. de Marivaux
Edición y traducción de Lydia Vázquez

Nº 124 "EL DIABLO COJUELO"
de Luis Vélez de Guevarra
Versión escénica de Jesús Gómez Gutiérrez y Aitana Galán

Serie: «Literatura dramática iberoamericana»

Nº 80 "LA ODISEA SEGÚN MARCO MANICIO"
de Agustín Iglesias

Nº 81 "AMBIENTE FAMILIAR (MÍNIMO 2 NOCHES)"
de Aitana Galán y Jesús Gómez Gutiérrez

Nº 82 "LOS AMANTES SARNOSOS"
 de Agustín Iglesias

Nº 83 "ANTÁRTIDA"
de Raúl Hernández Garrido

Serie: «Premios Lope de Vega»

Nº 22 "LA FELICIDAD DE LA PIEDRA", de Alberto Miralles
"LOS BRUJOS DE ZUGARRAMURDI", de Fernando Doménech
Edición de José Gabriel López-Antuñano

Nº 23 "PICOSPARDO'S", de Javier García-Mauriño
"NO FALTÉIS ESTA NOCHE", de Santiago Martín Bermúdez
Edición de Julio Checa Puerta

Nº 24 "EN EL HOYO DE LAS AGUJAS", de José Luis Miranda
"RECREO", de Manuel Veiga
Edición de Salomé Aguiar

Serie: «Premios de teatro Rafael Dieste»

Nº 10 "FOOTING" / "FOOTING",
de Gustavo Pernas Cora (Edición bilingüe galego-castellano)
Edición de Manuel Forcadela.

Nº 11 "MATANZA" / "MATANZA",
de Roberto Salgueiro (Edición bilingüe galego-castellano)
Edición de Roberto Pascual

Nº 12 "A CIENCIA DOS ANXOS" / "LA CIENCIA DE LOS
ÁNGELES"
de Imma António (Edición bilingüe galego-castellano)
Estudio preliminar de Manuel F. Vieites.

Nº 13 "FINAL DE PELÍCULA" / "FINAL DE PELÍCULA",
de Gustavo Pernas Cora (Edición bilingüe galego-castellano)
Edición de Manuel Forcadela

Serie: «Debate»

Nº 27 "MÚSICA EN ESCENA"
de Tomás Marco

Nº 28 "ACCIONES CONCOMITANTES.
UN MÉTODO PARA LA ACTUACIÓN TEATRAL"
de Jarosław Bielski

Nº 29 "MARIUS PETIPA. DEL BALLET ROMÁNTICO AL
CLÁSICO"
Edición de Laura Hormigón

Nº 30 "UN CAMINO PARA LA INTERPRETACIÓN
ACTORAL"
de Juan Pastor Millet

Nº 31 "CAVILACIONES TEATRALES"
de Pedro Álvarez-Ossorio

Nº 32 "LA ESCALERA EN EL TEATRO"
de Javier Navarro de Zuvillaga

Nº 33 "LA MIRADA CREADORA ANTE LA
ESCENIFICACIÓN"
Edición de Jara Martínez Valderas, Marga del Hoyo Ventura y José
Manuel Teira Alcaraz

Nº 34 "20 DIRECTORES ROMPEDORES DE LA EUROPA
DEL ESTE"
Edición de Kalina Stefanova y Marvin Carlson

Nº 35 "DE LO DRAMÁTICO A LO POSTDRAMÁTICO. LA
ESCENA DEL SIGLO XXI (2)"
de José Gabriel López Antuñano

Serie: «Teoría y práctica del teatro»

Nº 41 "ADRIÀ GUAL. TEORÍA ESCÉNICA"
Edición de Carles Batlle y Enric Gallén.
(Coedición ADE / Institut del Teatre)

Nº 42 "EL BALLET ROMÁNTICO EN EL TEATRO DEL
CIRCO DE MADRID (1842-1850)"
de Laura Hormigón

Nº 43 "ADOLFO MARSILLACH: ESCENIFICAR
A LOS CLÁSICOS (1986-1994)"
de Mariano de Paco Serrano

Nº 44 "EL ACTOR BORBÓNICO (1700-1831)"
de Joaquín Álvarez Barrientos

Nº 45 "LA TEORÍA DRAMÁTICA. UN VIAJE A TRAVÉS DEL
PENSAMIENTO TEATRAL"
de Jaume Melendres

Serie: «Laberinto de Fortuna»

Nº 7 "LA ACTRIZ"
de Antonio Piazza

Nº 8 "DOS LUCES EN LA ESPESURA"
de Juan Antonio Hormigón

Nº 9 "MI GRAN CARTA"
del Marqués de Sade
Edición de Lydia Vázquez. (Edición bilingüe)

Nº 10 "ESAS MUJERES DE MAYO DEL 68"
de Lydia Vázquez, Nadia Brouardelle,
Juan Manuel Ibeas y Beatriz Onandía